Ausführliches Verzeichnis der

Guttentagschen Sammlung

Deutscher Reichs- und Preußischer Gesetze

— Textausgaben mit Anmerkungen; Taschenformat —,

welche alle wichtigeren Gesetze in unbedingt zuverlässigen Gesetzestexten und in mustergültiger Weise erläutert enthält, befindet sich hinter dem Sachregister.

Guttentagsche Sammlung
Nr. 131 b. Deutscher Reichsgesetze. Nr. 131 b.
Textausgaben mit Anmerkungen.

Reichsfinanzgesetzgebung 1918

Band II:

Kriegssteuer – Reichsfinanzhof – Stempel Steuerflucht – Post- u. Telegraphengebühren.

Von

Dr. G. Mayer
(München).

Berlin 1919.
J. Guttentag, Verlagsbuchhandlung,
G. m. b. H.

Inhaltsverzeichnis.

Seite

Gesetz, betreffend Änderung des Kriegssteuergesetzes vom 21. Juni 1916 (RGBl. S. 561).

Vom 2. Juli 1918 (RGBl. S. 773).

Wir Wilhelm, von Gottes Gnaden Deutscher Kaiser, König von Preußen usw.
verordnen im Namen des Reichs, nach erfolgter Zustimmung des Bundesrats und des Reichstags, was folgt:

§ 1. Der § 38 des Kriegssteuergesetzes vom 21. Juni 1916 (Reichs-Gesetzbl. S. 561) erhält folgenden Wortlaut:

Die Einnahme aus der Kriegsabgabe ist zur Abminderung der Reichsschuld zu verwenden, soweit sie nicht zur Deckung von Fehlbeträgen der Rechnungsjahre 1916 und 1917 erforderlich ist.

§ 2. Soweit die zur Deckung eines Fehlbetrags des Rechnungsjahrs 1917 aus der Kriegsabgabe erforderlichen Beträge in Stücken der Kriegsanleihe entrichtet werden, tritt ein gleicher Betrag dem Anleihesoll und der Anleiheermächtigung im § 2 des Haushaltsgesetzes für das Rechnungsjahr 1918 hinzu.

Urkundlich unter Unserer Höchsteigenhändigen Unterschrift und beigedrucktem Kaiserlichen Insiegel.

Gegeben Großes Hauptquartier, den 2. Juli 1918.

(Siegel.) Wilhelm

Dr. Graf von Hertling.

Gesetz über die Errichtung eines Reichsfinanzhofs und über die Reichsaufsicht für Zölle und Steuern.

Vom 26. Juli 1918 (RGBl. S. 959.)

Vorbemerkungen.

Der Wunsch, für gewisse Reichssteuergesetze einen gemeinsamen obersten Reichssteuergerichtshof (Reichsfinanzhof) für das Deutsche Reich zu schaffen, wurde erst bei den Beratungen des Reichsfinanzprogramms von 1918 laut. Der Reichsfinanzhof ist dem Reichsgericht nachgebildet, sowohl in der Organisation und Besetzung (§§ 3 ff.) wie in der Beschränkung seiner Zuständigkeit auf die endgültige Entscheidung über Rechtsfragen unter Ausschluß der Würdigung des tatsächlichen Materials (§ 10). Die Zuständigkeit ist vorläufig im wesentlichen auf direkte Reichssteuern und Erbschafts- und Stempelsteuern begrenzt, also unter Ausschluß der Verbrauchsabgaben und Zölle (§ 7). In gewissen Fällen ist der Reichsfinanzhof Beschlußbehörde und Gutachter (§§ 14, 15). Als Sitz des Reichsfinanzhofs ist München bestimmt. Zugleich mit dem Reichsfinanzhof sind die Befugnisse der Reichsaufsichtsbehörden (§§ 21 ff.) neu geregelt.

Wir Wilhelm, von Gottes Gnaden Deutscher Kaiser, König von Preußen usw.
verordnen im Namen des Reichs, nach erfolgter Zustimmung des Bundesrats und des Reichstags, was folgt:

Reichsfinanzhof.

§ 1. Für Reichsabgabensachen wird eine oberste Spruch- und Beschlußbehörde errichtet, die den Namen „Reichsfinanzhof" führt.

§ 2. Den Sitz des Reichsfinanzhofs bestimmt der Bundesrat.

Der Reichsfinanzhof besteht aus einem Präsidenten und der erforderlichen Anzahl von Senatspräsidenten (§ 6) und Räten.

§ 3. Die Mitglieder des Reichsfinanzhofs werden auf Vorschlag des Bundesrats vom Kaiser auf Lebenszeit ernannt.

Die übrigen Beamten ernennt der Reichskanzler.

§ 4. Zum Mitglied des Reichsfinanzhofs kann nur ernannt werden, wer das fünfunddreißigste Lebensjahr vollendet hat. Mindestens die Hälfte der Mitglieder muß die Befähigung zum Richteramt erlangt haben.

Die Zuziehung von Hilfsrichtern ist bis zum 1. Oktober 1921 zulässig. Abs. 1 findet Anwendung.

§ 5. Für die Disziplinarbestrafung der Mitglieder des Reichsfinanzhofs und ihre Versetzung in den Ruhestand gelten die für die Mitglieder des Reichsgerichts maßgebenden Vorschriften entsprechend.

Der Vertreter der Staatsanwaltschaft wird vom Kaiser bestimmt.

§ 6. Bei dem Reichsfinanzhof werden nach Bedarf Senate gebildet. Ihre Zahl bestimmt der Reichskanzler.

§ 7. Der Reichsfinanzhof ist oberste Spruchbehörde zunächst für folgende Reichsabgaben: Wehrbeitrag, Besitzsteuer, Kriegsabgaben, Erbschaftssteuer, Umsatzsteuer, Reichsstempelabgaben, Wechselstempelabgabe, Abgaben vom Personen- und Güterverkehre, Kohlensteuer.

Auf Antrag eines Bundesstaats und mit Zustimmung des Bundesrats kann der Reichsfinanzhof durch Kaiserliche Verordnung zur obersten Spruchbehörde für Landesabgaben bestellt werden.

§ 8. Die Rechtsmittel, die gegen die Veranlagung oder die Heranziehung zu Reichsabgaben (§ 7) zunächst zulässig sind, einschließlich der Rechtsmittelfristen und des Rechtsmittelverfahrens, werden durch die Landesgesetzgebung geregelt.

Bis zum Inkrafttreten des Landesgesetzes ist diese Regelung von der Landesregierung zu treffen.

Der ordentliche Rechtsweg ist ausgeschlossen.

§ 9. Nach Erschöpfung des landesrechtlich geordneten Rechtsmittelzugs (§ 8) ist die Rechtsbeschwerde an den Reichsfinanzhof gegeben.

§ 10. Die Rechtsbeschwerde kann nur darauf gestützt werden, daß

1. die angefochtene Entscheidung auf der Nichtanwendung oder auf der unrichtigen Anwendung des bestehenden Rechtes oder auf einem Verstoße wider den klaren Inhalt der Akten beruhe;
2. das Verfahren an wesentlichen Mängeln leide.

§ 11. Wird die angefochtene Entscheidung aufgehoben, so kann der Reichsfinanzhof entweder selbst in der Sache entscheiden oder sie an eine der Vorinstanzen zurückverweisen.

Die Vorinstanzen sind an die rechtliche Beurteilung gebunden, die der Aufhebung der angefochtenen Entscheidung zugrunde liegt.

§ 12. Über Rechtsbeschwerden (§§ 7 bis 11) und in andern dem Spruchverfahren besonders überwiesenen Sachen entscheidet der Reichsfinanzhof in der Besetzung von fünf Mitgliedern mit Einschluß des Vorsitzenden.

An Stelle der Mitglieder dürfen höchstens zwei Hilfsrichter (§ 4 Abs. 2) an der Beratung und Beschlußfassung teilnehmen.

§ 13. In den Sachen, die nicht dem Spruchverfahren überwiesen sind (§ 12), entscheidet der Reichsfinanzhof im Beschlußverfahren.

§ 14. Als Beschlußbehörde entscheidet der Reichsfinanzhof außer in den ihm durch andere Reichsgesetze übertragenen Sachen

1. über Beschwerden nach § 6 des Doppelsteuergesetzes vom 22. März 1909 (RGBl. S. 332);
2. über das Besteuerungsrecht oder die Verteilung des Besteuerungsrechts zur Beseitigung einer durch das Doppelsteuergesetz nicht verwehrten Doppelbesteuerung bei der Heranziehung zu direkten Steuern in verschiedenen Bundesstaaten oder in Gemeinden (Gemeindeverbänden) verschiedener Bundesstaaten. Der Steuerpflichtige kann nach näherer Bestimmung des Bundesrats die Entscheidung des Reichsfinanzhofs erst anrufen, wenn entweder die obersten Landesbehörden der beteiligten Bundesstaaten es abgelehnt haben, durch Anordnungen oder Vereinbarungen die Doppelbesteuerung zu beseitigen, oder wenn der Steuerpflichtige sich durch solche Anordnungen oder Vereinbarungen nicht für ausreichend entlastet hält.

   Die Vorschrift wegen Beseitigung gemeindlicher Doppelbesteuerungen findet auch für die Gebietsteile eines Bundesstaats, in denen eine besondere Gemeindeverfassung nicht vorhanden ist, entsprechende Anwendung.

§ 15. Der Reichskanzler und die obersten Landesfinanzbehörden können Fragen der Auslegung von Vorschriften der Reichsabgabengesetze dem Reichsfinanzhof zur Begutachtung vorlegen.

§ 16. Der Reichsfinanzhof veröffentlicht seine Entscheidungen, soweit sie grundsätzliche Bedeutung haben.

§ 17. Die öffentlichen Behörden sind verpflichtet, den an sie ergehenden Ersuchen des Reichsfinanzhofs zu entsprechen.

§ 18. Vorbehaltlich einer späteren gesetzlichen Regelung trifft der Bundesrat die Bestimmungen über das Verfahren, einschließlich der Fristen, und die Kosten in dem Verfahren vor dem Reichsfinanzhof.

§ 19. Der Geschäftsgang des Reichsfinanzhofs wird durch eine Geschäftsordnung geregelt, die dieser auszuarbeiten und dem Bundesrate zur Bestätigung vorzulegen hat.

§ 20. Will in einer Rechtsfrage ein Senat von einer veröffentlichten Entscheidung (§ 16) abweichen, so hat er die Sache unter Begründung seiner Rechtsauffassung an die vereinigten Senate zu verweisen.

Soweit die Entscheidung in der Sache eine vorgängige mündliche Verhandlung erfordert, erfolgt diese vor den vereinigten Senaten.

Reichsaufsicht.

§ 21. Die Reichsaufsicht auf dem Gebiete der Zölle und Reichssteuern (Artikel 36 der Verfassung des Deutschen Reichs) wird durch besondere, dem

Reichskanzler unterstellte Behörden oder Beamte wahrgenommen.

§ 22. Soweit die Abgabepflichtigen der für die Festsetzung der Abgabe zuständigen Landesbehörde Einsicht in die Bücher oder sonstigen Geschäftspapiere gewähren müssen, haben die Landesbehörden der Reichsaufsichtsbehörde (§ 21) auf deren Ersuchen zum Zwecke der Nachprüfung der Abgabenfestsetzung ebenfalls diese Einsicht zu verschaffen.

§ 23. Die Reichsaufsichtsbehörden (§ 21) sind berechtigt, in einem Verfahren über einen Abgabeanspruch selbständig Rechtsmittel einzulegen oder sich einem Rechtsmittel anzuschließen.

Bei Meinungsverschiedenheit zwischen der Reichsaufsichtsbehörde und der Landesbehörde darüber, ob im Einzelfall entgegen der gesetzlichen Vorschrift keine oder eine zu niedrige Abgabe festgesetzt worden und ob eine Nachforderung der Abgabe zulässig ist, hat die für die Festsetzung der Abgabe zuständige Landesbehörde über den Antrag der Reichsaufsichtsbehörde auf Nachforderung der Abgabe Beschluß zu fassen. Der Beschluß, durch den die Nachforderung der Abgabe abgelehnt wird, kann von der Reichsaufsichtsbehörde durch die gleichen Rechtsbehelfe angefochten werden, die gegen die Nachforderung der Abgabe gegeben sind.

§ 24. Der Bundesrat erläßt die näheren Bestimmungen über die Rechte und Pflichten der Reichsaufsichtsbehörden durch eine Geschäftsanweisung, die dem Reichstag mitzuteilen ist.

Schlußvorschriften.

§ 25. Der Reichsfinanzhof beginnt seine Tätigkeit am 1. Oktober 1918.

Von diesem Zeitpunkt ab treten die den Vorschriften dieses Gesetzes entgegenstehenden Vorschriften der Reichsabgabengesetze (§ 7) über den Rechtsmittelzug mit der Maßgabe außer Kraft, daß die bisherigen Vorschriften für die Fälle, in denen ein anderes Rechtsmittel als die Verwaltungsbeschwerde vor dem 1. Oktober 1918 eingelegt worden ist, weiter gelten. Die näheren Übergangsbestimmungen trifft die Landesregierung.

§ 26. Die Einrichtung der Reichsaufsichtsbehörden (§ 21) erfolgt nach Maßgabe des Reichshaushaltsplans alsbald nach Beendigung des Krieges.

Bis dahin haben die Reichsbevollmächtigten für Zölle und Steuern die den Reichsaufsichtsbehörden durch dieses Gesetz übertragenen Befugnisse.

§ 27. Dieses Gesetz tritt einheitlich mit folgenden Gesetzen in Kraft:

Biersteuergesetz,
Gesetz über die Erhöhung des Bierzolls,
Weinsteuergesetz,
Gesetz zur Änderung des Schaumweinsteuergesetzes,
Gesetz, betreffend die Besteuerung von Mineralwässern und künstlich bereiteten Getränken, sowie die Erhöhung der Zölle für Kaffee und Tee,
Gesetz über das Branntweinmonopol,
Umsatzsteuergesetz,
Gesetz, betreffend Änderung des Gesetzes, betreffend eine mit den Post- und Telegraphengebühren zu erhebende außerordentliche Reichsabgabe, vom 21. Juni 1916 (RGBl. S. 577),
Gesetz zur Änderung des Reichsstempelgesetzes,

Gesetz zur Änderung des Wechselstempelgesetzes,
Gesetz über eine außerordentliche Kriegsabgabe für das Rechnungsjahr 1918 und
Gesetz gegen die Steuerflucht.

Urkundlich unter Unserer Höchsteigenhändigen Unterschrift und beigedrucktem Kaiserlichen Insiegel.

Gegeben Großes Hauptquartier, den 26. Juli 1918.

(Siegel.) Wilhelm

Dr. Graf von Hertling.

Gesetz über eine außerordentliche Kriegsabgabe für das Rechnungsjahr 1918.

Vom 26. Juli 1918 (RGBl. S. 964).

Vorbemerkungen.

Auch das neue Kriegsabgabegesetz unterscheidet zwischen den natürlichen Personen und den Gesellschaften.

Bezüglich der Besteuerung der natürlichen Personen geht das neue Gesetz ganz neue Wege; indem es nicht den Vermögenszuwachs einer bestimmten Periode erfaßt, wie das alte Kriegssteuergesetz dies getan hatte, sondern das Mehreinkommen besteuert, welches jemand in der Kriegszeit gegenüber der Friedenszeit gehabt hat. Steuerpflichtiges Mehreinkommen ist der Unterschied zwischen dem Friedenseinkommen (§§ 4—7, 10—12) und dem Kriegseinkommen (§§ 8—12). Die Steuerpflicht beginnt erst bei einem Einkommen von 13000 M., denn steuerfrei bleibt ein Mehreinkommen von 3000 M. und ein Einkommen von 10000 M. (§§ 3 Abs. 3 und 7). Besondere Bestimmungen sind noch für Gesellschafter einer Gesellschaft mit beschränkter Haftung getroffen (§ 14), welche eine Milderung des Steuersatzes deshalb vorsehen, weil auch die Gesellschaft mit beschränkter Haftung als solche der Kriegsabgabe unterliegen.

Außer der Steuer auf das Mehreinkommen hat das Kriegsabgabegesetz noch eine besondere Abgabe für das Vermögen vorgesehen (§§ 15 ff.). Diese Abgabe wird noch nachträglich von dem am 31. Dezember 1916 (in Ausnahmefällen 31. Dezember 1917) vorhanden gewesenen Vermögen, (§§ 15, 16) aber nur von den Vermögen erhoben, die mehr als 100000 M. betragen (§ 18).

Die Kriegssteuer der Gesellschaften, welche die Rechte juristischer Personen haben, für das vierte Kriegsgeschäftsjahr baut auf dem alten Kriegssteuergesetz vom 21. Juni 1916 und dem Sicherungsgesetz vom 9. April 1917 (RGBl. 351) auf. Die Steuerpflicht erstreckt sich auf den Mehrgewinn, welchen die Gesellschaften im vierten Kriegsgeschäftsjahr gegenüber den Friedensjahren gemacht haben. Die Grundsätze des alten Kriegssteuergesetzes sind dabei unverändert geblieben. Der Geschäftsgewinn des vierten Kriegsgeschäftsjahres ist nämlich mit dem „Friedensgewinn", d. h. mit dem Durchschnitt der fünf letzten Friedensjahre (unter Ausscheidung des besten und schlechtesten Geschäftsjahres), zu vergleichen. Die Berechnung erfolgt im wesentlichen nach den Vorschriften des früheren Gesetzes; doch sind einige Neuerungen zu beachten, die sowohl für die Feststellung des Friedensgewinns als auch für die des Geschäftsgewinns des vierten Kriegsgeschäftsjahres Geltung haben.

Vor allem sind einige Vorschriften aus den Ausführungsbestimmungen zum Kriegssteuergesetz in das Gesetz selbst übernommen worden (§ 22 Abs. 2 und 3 des Gesetzes sind gleichlautend mit § 20 Abs. 2 und 3 AusfBest. zum KStG.). Danach sind die Anteile der Vorstandsmitglieder und Geschäftsführer, sowie der sonstigen Beamten und Angestellten am Jahresgewinn als abzugsfähige Betriebskosten anzusehen, wenn ein Rechtsanspruch darauf besteht. Für Geschäftsführer einer G. m. b. H., die gleichzeitig Gesellschafter sind, ist die Behandlung ihrer Gewinnbezüge als abzugsfähige Geschäftsunkosten davon abhängig, daß die ihnen zukommenden Gewinnanteile das Entgelt für ihre Tätigkeit als Geschäftsführer darstellen müssen, wobei der Umstand, daß die Bestellung zu Geschäftsführern im Gesellschaftsvertrage selbst erfolgt ist, die Annahme eines Entgelts für die Tätigkeit nicht ausschließt (§ 22 Abs. 2). Die Vergütungen der Aufsichtsratsmitglieder sind nur dann abzugsfähige Betriebskosten, wenn den einzelnen Mitgliedern im Gesellschaftsvertrage ein Anspruch auf eine bestimmte

Summe zugesagt ist; dagegen sind die Tantiemen, die von der Höhe des Reingewinns und von dessen Feststellung durch die Generalversammlung abhängig sind, vom Geschäftsgewinn nicht abzusetzen.

Gleichfalls aus den Ausführungsbestimmungen zum Kriegssteuergesetz übernommen ist die Vorschrift, daß bei einer Gesellschaft, die mit einer Unterbilanz in das vierte Kriegsgeschäftsjahr eingetreten ist, die zur Beseitigung der Unterbilanz erforderlichen Beträge von dem Geschäftsgewinn dieses Geschäftsjahres abgesetzt werden können (§ 25 Abs. 3, vgl. § 23 Abs. 1 Satz 2 AusfBest. z. KStG.). Während das Kriegssteuergesetz eine Aufrechnung der in dem einen oder anderen Kriegsgeschäftsjahre erzielten Mehrgewinne gegen den in einem ferneren Kriegsgeschäftsjahr erzielten Mindergewinn zuließ und somit nur den Mehrgewinn der gesamten dreijährigen Periode für steuerpflichtig erklärte, fehlte in dem Sicherungsgesetze vom 9. April 1917 eine entsprechende Vorschrift, indem dort in § 2 Abs. 3 der maßgebende § 14 Abs. 3 KStG. nicht erwähnt war. In der Begründung hierzu hieß es, daß mit dem Ablaufe des dritten Geschäftsjahres ein neuer Veranlagungszeitraum beginne, und daß es sachlich nicht gerechtfertigt, auch mit dem finanziellen Interesse des Reiches schwer verträglich sein würde, den Ausgleich eines Mindergewinnes mit einem Mehrgewinne über einen Veranlagungszeitraum hinaus zu erstrecken. Diesen Standpunkt hat das Gesetz nicht aufrecht erhalten können. Nach § 25 darf nämlich, wenn die Geschäftsgewinne der früheren Kriegsgeschäftsjahre im Gesamtergebnisse hinter dem Friedensgewinn zurückgeblieben sind, der Mindergewinn von dem Mehrgewinn des vierten Kriegsgeschäftsjahres abgezogen werden. Wer also in den vorangegangenen drei Kriegsgeschäftsjahren einen Mindergewinn gehabt hat, darf diesen in voller Höhe von dem etwaigen Mehrgewinne des neuen Kriegsgeschäftsjahres abziehen. Die weitergehende Folgerung, eine Aufrechnung des etwaigen Mindergewinnes des vierten Kriegsgeschäftsjahres gegen die Mehrgewinne der ersten drei Kriegsgeschäftsjahre zuzulassen, hat die Reichsregierung nicht gezogen, weil sie eine Herausgabe früherer Kriegssteuern zur Folge gehabt haben würde.

Eine wichtige Neuerung enthält die Bestimmung, daß die Sonderrücklage und die Kriegssteuer von dem Geschäftsgewinne nicht abgesetzt werden dürfen (§ 24 Abs. 2 Satz 1). Die Begründung bemerkt hierzu, daß sich der Inhalt dieser aus der Natur der Kriegsgewinnsteuer von selbst ergebe. Dementsprechend ist weiter bestimmt, daß Beträge einer freigewordenen Sonderrücklage aus einem früheren Kriegsgeschäftsjahre, die den Bilanzgewinn erhöht haben, bei der Kriegssteuerberechnung vom Geschäftsgewinne abzuziehen sind (§ 25).

Von dem früheren Kriegssteuergesetz unterscheidet sich das jetzige vor allem in den Bestimmungen über die Höhe der Abgabe. Dies gilt sowohl von den ziffernmäßigen Sätzen, die sich früher zwischen 10 und 45 % (unter Zurechnung des gemäß dem Gesetze vom 9. April 1917 zu erhebenden Zuschlags zwischen 12 und 54 % bewegten, während sie nach dem neuen Gesetz 30 bis 60 % betragen, sowie ferner von der Art und Weise der Berechnung. Das alte Kriegssteuergesetz sah ein progressives Verfahren vor; das neue Kriegssteuergesetz geht von einem feststehenden Abgabebetrage von 60 % aus, der sich nur beim Vorliegen gewisser Voraussetzungen ermäßigt (degressives Verfahren).

Die Veranlagung und Erhebung der Kriegsabgabe erfolgt bei den Gesellschaften wie bei den natürlichen Personen im allgemeinen in gleicher Weise wie nach dem alten Kriegssteuergesetz. Das Gesetz sieht lediglich zwei Abweichungen vor. Es ist nämlich die früher dreimonatliche Frist für Entrichtung der Abgabe, welche mit der Zustellung des Kriegssteuerbescheides beginnt, auf einen Monat herabgesetzt § 37) und ferner ist die Verpflichtung zur Zinszahlung bei barer Entrichtung der Abgabe fallen gelassen. Dagegen müssen, wenn Kriegsanleihen in Zahlung gegeben werden, die Zinsscheine vom 1. Oktober 1918 ab an den Stücken haften. Im übrigen verbleibt es dabei, daß die 5 proz. Kriegsanleihen jeder Art zum Nennwerte und die $4^1/_2$ proz. Schatzanweisungen zu einem vom Reichskanzler festzusetzenden Kurse an Zahlungs Statt angenommen werden.

Im Falle einer zu niedrigen Kriegssteuerveranlagung kann sowohl auf Grund des bevorstehenden als auch des früheren Kriegssteuergesetzes jederzeit und ohne Einschränkung eine Neuveranlagung erfolgen. Die Begründung bemerkt hierzu, daß die Veranlagung der Kriegssteuer durch die Kriegsverhältnisse außerordentlich erschwert gewesen sei, daß es aber für das geschärfte soziale Gewissen unserer Zeit ein unerträglicher Gedanke wäre, wenn dem Reiche erhebliche Kriegsabgabenbeträge entgehen würden (§§ 42, 43).

Auch im neuen Kriegsabgabegesetz ist wieder ein Härteparagraph (§ 40) vorgesehen. Die Strafbestimmungen entsprechen denen des alten Kriegssteuergesetzes (§ 39).

Wir Wilhelm, von Gottes Gnaden Deutscher Kaiser, König von Preußen usw.
verordnen im Namen des Reichs, nach erfolgter Zustimmung des Bundesrats und des Reichstags, was folgt:

Abgabepflicht der Einzelpersonen.

§ 1[4][5][6]. Die im § 11 des Besitzsteuergesetzes vom 3. Juli 1913 (Reichs-Gesetzbl. S. 524) bezeichneten Personen[1]) haben für das Rechnungsjahr 1918 zugunsten des Reichs eine außerordentliche Kriegsabgabe vom Mehreinkommen[2])[4])[5])[6]) und vom Vermögen zu entrichten[3]).

[1]) Hierzu bestimmt § 11 BG. folgendes:
Steuerpflichtig sind:
I. mit dem Zuwachs an dem gesamten steuerbaren Vermögen:

1. die Angehörigen des Deutschen Reichs, mit Ausnahme derer, die sich seit länger als zwei Jahren dauernd im Ausland aufhalten, ohne einen Wohnsitz in einem deutschen Bundesstaate zu haben. Die Ausnahme findet keine Anwendung auf Reichs- und Staatsbeamte, die im Ausland ihren dienstlichen Wohnsitz haben. Wahlkonsuln gelten nicht als Beamte im Sinne dieser Vorschrift;
2. Ausländer, wenn sie im Deutschen Reiche einen Wohnsitz oder in Ermangelung eines Wohnsitzes ihren dauernden Aufenthalt haben;

II. mit dem Zuwachs an dem inländischen Grund- und Betriebsvermögen:

alle natürlichen Personen ohne Rücksicht auf Staatsangehörigkeit, Wohnsitz oder Aufenthalt.

[2]) Vgl. dazu § 3 des Gesetzes.

[3]) Vgl. dazu § 15 des Gesetzes.

[4]) Mit dem Mehreinkommen sind abgabepflichtig diejenigen Einzelpersonen, welche die Voraussetzungen der persönlichen Abgabepflicht nach den §§ 1, 2 des Gesetzes und außerdem bei der nach § 8 des Gesetzes maßgebenden Jahresveranlagung die Voraussetzungen der persönlichen Steuerpflicht nach den Vorschriften der Landeseinkommensteuergesetze erfüllen.

Als Friedenseinkommen wird stets ein Mindestbetrag von 10000 Mark angenommen. Die ersten 3000 Mark des Mehreinkommens bleiben immer abgabenfrei. Abgabepflichtiges Mehreinkommen (§ 13 des Gesetzes) ist sonach das auf volle Tausende nach unten abgerundete und um den abgabefreien Betrag von 3000 Mark gekürzte Mehreinkommen.

[5]) Ist ein Steuerpflichtiger in mehreren Bundesstaaten zur Einkommensteuer veranlagt, so ist für die Berechnung des Mehreinkommens das in den einzelnen Bundesstaaten festgestellte Einkommen zusammenzurechnen. Dies gilt nicht für mehrere Einkommensteuerveranlagungen auf Grund der unbeschränkten Steuerpflicht.

[6]) Ist ein Steuerpflichtiger in mehreren Bundesstaaten mit seinem gesamten steuerbaren, nach den Vorschriften des Doppelsteuergesetzes vom 22. März 1909 (RGBl. S. 332) der Landes-

besteuerung nicht entzogenen Einkommen zur Einkommensteuer veranlagt, so sind die Einkommensteuerveranlagungen in dem Bundesstaate, der für die Veranlagung der Kriegsabgabe zuständig ist, maßgebend. Hat in diesem Bundesstaat eine nach § 4 Abs. 1 und 2 des Gesetzes in Betracht kommende Einkommensteuerveranlagung auf Grund der unbeschränkten Steuerpflicht nicht stattgefunden, so ist für die Ermittlung des Friedenseinkommens die Einkommensteuerveranlagung in dem Bundesstaate, der für die Veranlagung des Wehrbeitrags zuständig war, maßgebend. Dem hiernach maßgebenden Einkommen ist das Einkommen zuzurechnen, das in Gemäßheit des Doppelsteuergesetzes der ausschließlichen Besteuerung in einem anderen Bundesstaate vorbehalten ist.

§ 2. Die persönliche Abgabepflicht ist nach dem Stande vom 31. Dezember 1917 zu beurteilen. Bei Inländern und bei solchen Personen, die ihre inländische Staatsangehörigkeit nach dem 1. August 1914 verloren haben, entfällt die Abgabepflicht nicht dadurch, daß sie nach dem 31. Dezember 1913 ihren inländischen Wohnsitz oder Aufenthalt aufgegeben haben [2]).

[1]) Der Sinn der Vorschrift ist der, daß keiner sich nach Kriegsausbruch (genauer ausgedrückt, nach dem Zeitpunkt, der für die Wehrbeitragsveranlagung entscheidend war, 31. XII. 1913), der Abgabe dadurch entziehen kann, daß er die inländische Staatsangehörigkeit bzw. den inländischen Wohnsitz aufgibt. Wegen der Fortdauer der Reichs- und Staatssteuerpflicht über dieses Gesetz hinaus vgl. das Gesetz zur Verhinderung der Steuerflucht, welches ebenfalls in diesem Band abgedruckt ist.

Abgabe vom Mehreinkommen.

§ 3. Mehreinkommen (§ 1) [1]) ist der Unterschied zwischen dem Friedenseinkommen (§§ 4 bis 7, 10 bis 12) und dem Kriegseinkommen (§§ 8 bis 12).

Der Unterschiedsbetrag wird auf volle Tausende nach unten abgerundet.

Abgabepflichtig ist nur der den Betrag von dreitausend Mark übersteigende Teil des Mehreinkommens.

[1]) Wegen der Grundlagen des Gesetzes, das den Mehrgewinn (Mehreinkommen) trifft das jemand im Kriegsjahr 1918 (vgl. § 8) im Vergleich zu den Friedensjahren (§§ 4 ff.) hatte, vgl. die allgemeinen Vorbemerkungen zum Gesetz.

§ 4. Als Friedenseinkommen gilt das steuerpflichtige Jahreseinkommen, mit dem der Abgabepflichtige bei der letzten allgemeinen landesgesetzlichen Jahresveranlagung auf Grund der Einkommensverhältnisse, wie sie vor Ausbruch des Krieges bestanden, zur Einkommensteuer veranlagt worden ist[2]).

Welche Einkommensteuerveranlagung nach Abs. 1 maßgebend ist, bestimmt die oberste Landesfinanzbehörde im Einverständnisse mit dem Reichskanzler[1]).

Auf Antrag des Abgabepflichtigen ist das durchschnittliche Einkommen, das sich aus der nach Abs. 1 und 2 maßgebenden Jahresveranlagung und den zwei ihr vorangegangenen Jahresveranlagungen ergibt, als Friedenseinkommen festzusetzen. Der Antrag kann bis zum Ablauf der mit der Zustellung des Steuerbescheids eröffneten Rechtsmittelfrist gestellt werden[2]).

Das Besitzsteueramt kann die Festsetzung des Friedenseinkommens nach dreijährigem Durchschnitt (Abs. 3) von sich aus vornehmen, wenn das Einkommen der nach Abs. 1 und 2 maßgebenden Jahresveranlagung ein außergewöhnlich hohes war und der Abgabepflichtige nach Lage der Verhältnisse dieses Einkommen für die Dauer nicht erwarten konnte.

[1]) Welche Veranlagung der Bundesstaaten das ist, wird nach Abs. 2 von der obersten Landesfinanzbehörde im Ein-

verständnis mit dem Reichskanzler bestimmt. Die Vorschrift hat ihren Grund darin, daß die Einkommensteuerveranlagung in den einzelnen Bundesstaaten zu verschiedenen Zeiten stattfindet und die Ermittlung des Einkommens sich auf verschiedene Zeiträume erstreckt.

Der Feststellung des Friedenseinkommens wird nur eine Jahresveranlagung zugrunde gelegt. Die Zugrundelegung des Durchschnittsergebnisses mehrerer Jahresveranlagungen führt zu keinem gerechteren Ergebnis. Es ist hierbei zu beachten, daß in vielen Fällen bei der landesrechtlichen Jahresveranlagung das Einkommen berücksichtigt wird, das der Steuerpflichtige im Durchschnitt mehrerer Jahre gehabt hat. Würde die Zugrundelegung der nach § 4 maßgebenden Jahresveranlagung zu einer besonderen Härte führen, weil ungewöhnliche Verhältnisse vorlagen, so ist Abhilfe gemäß § 4 Abs. 3 und 4 möglich, nötigenfalls auch gemäß § 40.

[2]) Der Abgabepflichtige bleibt an einen gemäß § 4 Abs. 3 des Gesetzes gestellten Antrag gebunden.

Wird ein solcher Antrag noch rechtzeitig nach Zustellung des Steuerbescheids gestellt, so ist die Veranlagung zunächst zu berichtigen. In diesen Fällen wird mit der Zustellung des berichtigten Steuerbescheids oder der Mitteilung, daß sich an dem Veranlagungsergebnisse nichts ändere, eine neue Rechtsmittelfrist eröffnet.

§ 5. Ist die persönliche Einkommensteuerpflicht erst nach dem für die letzte Friedensveranlagung (§ 4 Abs. 1 und 2) maßgebenden Stichtag eingetreten, so gilt als veranlagtes Einkommen vor dem Kriege der für eine Verzinsung von 5 vom Hundert bemessene Jahresertrag des bei Eintritt der Steuerpflicht nachweislich vorhandenen Vermögens oder das von dem Abgabepflichtigen nachgewiesene höhere Einkommen, das er im Jahre 1913 oder im Durchschnitt der Jahre 1911, 1912, 1913 tatsächlich bezogen hat[1]).

[1]) Für die Ermittlung des Vermögensbetrags, von dem eine fünfprozentige Verzinsung nach den §§ 5 und 6 des Gesetzes

zu berechnen ist, finden die Vorschriften des Besitzsteuergesetzes entsprechende Anwendung. Sind in dem Kriegseinkommen die Erträge ausländischen Grund- und Betriebsvermögens enthalten, so ist bei der Berechnung der fünfprozentigen Verzinsung auch dieses Vermögen zu berücksichtigen.

Der Nachweis eines nach den §§ 5 und 6 des Gesetzes zu berücksichtigenden Vermögens und Einkommens kann auch im Rechtsmittelverfahren geführt werden, so lange die Berücksichtigung neuer Tatsachen und Beweise zulässig ist.

War jemand bei der Feststellung des Friedenseinkommens nur beschränkt einkommensteuerpflichtig und ist er später unbeschränkt einkommensteuerpflichtig geworden, so findet § 5 des Gesetzes mit der Maßgabe Anwendung, daß der Veranlagung mindestens das der beschränkten Einkommensteuerpflicht unterworfene Einkommen als Friedenseinkommen zugrunde gelegt wird.

§ 6. Hat der Abgabepflichtige nach dem für die letzte Friedensveranlagung (§ 4 Abs. 1 und 2) maßgebenden Stichtag oder nach dem späteren Eintritt der Steuerpflicht (§ 5) Einkommen aus Vermögen erlangt, das nach diesem Zeitpunkt durch einen der im § 3 Abs. 1 Nr. 1 bis 3 des Kriegssteuergesetzes vom 21. Juni 1916 (Reichs-Gesetzbl. S. 561) bezeichneten Anfälle erworben worden ist, so kann er verlangen, daß dem veranlagten Einkommen vor dem Kriege (§§ 4, 5) ein Betrag hinzugerechnet wird, der einer jährlichen Verzinsung von 5 vom Hundert dieses Vermögens entspricht. Die Hinzurechnung findet nur statt, wenn das Einkommen aus dem angefallenen Vermögen in der nach § 8 maßgebenden Veranlagung berücksichtigt, in der Veranlagung nach § 4 aber nicht berücksichtigt ist[1]).

[1]) Vgl. hierzu Anmerkung zu § 5, welche sinngemäß Anwendung findet.

§ 7. Als Friedenseinkommen wird ein Betrag von zehntausend Mark[1]) angenommen, wenn das veranlagte Einkommen vor dem Kriege (§§ 4, 5) einschließlich der Hinzurechnung (§ 6) niedriger ist.

[1]) Der Zweck der Vorschrift ist der, die Steuerbehörden der Mühe zu entheben, die Kriegssteuer auch bei den kleinen Einkommen zu erheben und diesen nachzurechnen.

In den Ausschußverhandlungen wollte man noch weiter gehen und die Fälle berücksichtigen, wo das Einkommen vor dem Kriege außergewöhnlich niedrig war und nicht der landesüblichen Verzinsung des Vermögens entsprach. Man verwies dabei darauf, daß auch die vor dem Kriege notleidend gewesenen Gesellschaften, die sich erst im Kriege erholt hätten, eine gewisse Bevorzugung eingeräumt erhalten hätten. Zu § 7 lag nämlich der Antrag Nr. 825, 2 vor: als Abs. 2 hinzuzufügen: „Hat das veranlagte Einkommen vor dem Kriege weniger als 4 vom Hundert von dem damaligen Vermögen des Steuerpflichtigen betragen, so ist an Stelle des vor dem Kriege veranlagten Einkommens eine Summe zu setzen, welche der vierprozentigen Verzinsung des Vermögens entspricht." Der Antrag wurde wie folgt begründet: Der Antrag sei in der ersten Lesung schon einmal gestellt worden. Es handle sich darum, die Härten zu beseitigen, die in den Fällen vorliegen, wo jemand vor dem Krieg kein Einkommen, sondern ein Mindereinkommen, während des Krieges aber ein Einkommen gehabt habe. Es sei ungerecht, das ganze Einkommen als Mehreinkommen zur Steuer heranzuziehen. Von anderer Seite wurde erklärt: Daß dem Antrag ein gesunder Gedanke zugrunde liege, lasse sich nicht leugnen. Eine Reihe Industrien, wie die Textilindustrie, habe vor dem Kriege brachgelegen und sich während des Krieges erholt, was auch geschehen wäre, wenn der Krieg nicht gekommen wäre. Diese Industrie sei nach der Vorlage verhältnismäßig hart getroffen. Der Antrag Nr. 825, 2 gehe aber zu weit, er schlage vor, dem Bundesrat das Recht zuzugestehen, für diese oder jene Geschäftszweige eine ähnliche Regelung zuzulassen. Von einem Mitglied des Ausschusses wurde dem Antrag widersprochen und erklärt: Man habe gegen den Antrag Nr. 825 Ziff. 2 die schwersten Bedenken. Die Annahme des Antrages würde die Aushöhlung des Besitzsteuergesetzes bedeuten, Terraingesellschaften und Großgrundbesitzer würden dann aus dem Gesetze herausfallen. Der Reichsschatzsekretär äußerte sich dazu wie folgt: Er könne sich nur dem anschließen, was man bezüglich der Terraingesellschaften gesagt habe, die bei Annahme des Antrages Nr. 825 Ziff. 2 aus dem Gesetze herausfallen würden. Er habe auch Bedenken gegen den Antrag, für derartige Fälle sei der Härteparagraph da. Auch von anderer Seite wurde der Antrag ablehnend beurteilt und erklärt: Der Antrag Nr. 825, 2 gehe zu weit. Wenn die Erholung der Industrie trotz des Krieges eingetreten sei, so sei es nicht zuviel verlangt, daß die geringen Sätze des Kriegssteuergesetzes verlangt werden. Er warne davor, in diesen Fällen dem Härteparagraphen eine zu weite Ausdehnung zu geben. Der Antragsteller erwiderte hierauf: Wenn sein Antrag nicht gangbar sei, werde er für den von anderer Seite gestellten Antrag stimmen, aber mit der Änderung, daß nicht nur für gewisse Industrien, sondern auch für andere Geschäftszweige und Betriebe der Steuernachlaß erfolge. Was den Großgrundbesitz angehe, so habe ein großer Teil vor dem Kriege keine Verzinsung von 4 % gehabt, aber der Großgrundbesitz sei nach dem Ertrage veranlagt, so daß die 4 % wohl herauskommen würden. Er zog aber schließlich den Antrag zurück.

§ 8[3]). Als Kriegseinkommen gilt das steuerpflichtige Jahreseinkommen, mit dem der Abgabepflichtige bei der Jahresveranlagung für das Rechnungsjahr 1918 zur Landeseinkommensteuer veranlagt worden ist oder veranlagt wird[1]). Im Einverständnisse mit dem Reichskanzler kann die oberste Landesfinanzbehörde bestimmen, daß eine andere Jahresveranlagung, die vornehmlich die im Jahre 1917 erzielten Einkommen berücksichtigt, maßgebend sein soll[2])[3]).

[1]) Das ist in Preußen die Veranlagung, welche im Frühjahr 1918 für das Rechnungsjahr 1918 (1. April 1918 bis 1. April 1919) erfolgt ist. Bei dieser Veranlagung ist das Einkommen aus Handel, Gewerbe und Landwirtschaft (Forstwirtschaft) bei

kaufmännischer (bzw. geordneter) Buchführung nach dem Durchschnitt der Geschäftsjahre 1917, 1916 und 1915, das übrige Einkommen nach dem Ergebnis des Kalenderjahres 1917 angesetzt gewesen.

[2]) Die Vorschrift im Satz 2 des § 8 bezieht sich nicht auf Einzelveranlagungen, sondern ist als generelle Regelung gedacht.

[3]) Verzieht ein Abgabepflichtiger aus einem Bundesstaat, in dem gemäß § 8 Satz 2 des Gesetzes die Jahresveranlagung für das Rechnungsjahr 1919 maßgebend ist, in einen Bundesstaat, in dem die Jahresveranlagung für das Rechnungsjahr 1918 maßgebend ist, und liegt infolgedessen für ihn in dem Bundesstaate des früheren Wohnsitzes oder Aufenthalts keine Jahresveranlagung für 1919 und in dem Bundesstaate des neuen Wohnsitzes oder Aufenthalts keine Jahresveranlagung für 1918 vor, so ist der Ermittlung des Kriegseinkommens die in dem Bundesstaate des früheren Wohnsitzes oder Aufenthalts erfolgte Jahresveranlagung für 1918 zugrunde zu legen.

§ 9. Bei Feststellung des Kriegseinkommens der Offiziere, Sanitäts- und Veterinäroffiziere sowie der oberen Militärbeamten ist deren Diensteinkommen abzüglich des als Entschädigung für den Dienstaufwand festgesetzten Betrags zu berücksichtigen.

§ 10. Wenn eine rechtskräftige Feststellung des steuerpflichtigen Einkommens nicht stattfindet, so gilt als festgestellt das niedrigste Einkommen der Steuerstufe, in welcher der Steuerpflichtige zur Einkommensteuer endgültig veranlagt ist.

Eine im Rechtsmittelverfahren, durch Neu- oder Nachveranlagung oder im Verwaltungswege herbeigeführte Berichtigung der maßgebenden landesgesetzlichen Jahresveranlagungen ist zu berücksichtigen.

§ 11. Ist nach § 14 des Besitzsteuergesetzes das Vermögen der Ehegatten zusammenzurechnen, so ist für die Ermittlung des Mehreinkommens das Einkommen der Ehegatten auch dann zusammenzurechnen, wenn sie nach Landesrecht selbständig zur Einkommensteuer veranlagt sind[1]).

[1]) Ist das Kriegseinkommen von Ehegatten nach § 11 des Gesetzes zusammenzurechnen und hat eine Zusammenrechnung der Friedenseinkommen nicht stattgefunden, so gilt als Friedenseinkommen die Summe des festgestellten oder gemäß §§ 5 und 6 des Gesetzes oder gemäß § 11 nachträglich zu ermittelnden Einkommens jedes der beiden Ehegatten.

War dagegen das Friedenseinkommen der Ehegatten zusammengerechnet worden und sind die Voraussetzungen der Zusammenrechnung bei der Feststellung des Kriegseinkommens nicht mehr gegeben, so ist das frühere Einkommen nachträglich für jeden Ehegatten gesondert zu ermitteln und als Friedenseinkommen zugrunde zu legen.

§ 12. Wo eine Einkommensteuer noch nicht eingeführt ist, trifft die Landesregierung Bestimmungen über die Ermittlung des Kriegseinkommens.

Als veranlagtes Einkommen vor dem Kriege (§ 4) gilt im Falle des Abs. 1 das bei der Veranlagung des Wehrbeitrags festgestellte Einkommen.

§ 13. Die Abgabe vom Mehreinkommen beträgt

für die ersten 10000 Mark des abgabepflichtigen Mehreinkommens	5 vom Hundert
für die nächsten angefangenen oder vollen	
10000 Mark	10 " "
30000 "	20 " "
50000 "	30 " "
100000 "	40 " "
für die weiteren Beträge	50 " "

§ 14. Bei Abgabepflichtigen, die Gesellschafter inländischer Gesellschaften mit beschränkter Haftung sind, bleiben auf Antrag die Abgabebeträge (§ 13) unerhoben, die verhältnismäßig auf die Mehreinnahmen aus Geschäftsanteilen solcher Gesellschaften entfallen. Als Mehreinnahme gilt der in dem Kriegseinkommen eines Abgabepflichtigen enthaltene anteilige Betrag, der von einer Gesellschaft über den Durchschnitt der nach § 17 Abs. 1 des Kriegssteuergesetzes vom 21. Juni 1916 in Betracht kommenden Jahre hinaus oder, falls die Gesellschaft noch kein volles Jahr vor den Kriegsgeschäftsjahren bestanden hat, über eine sechsprozentige Dividende hinaus als Gewinn verteilt worden ist.

Abs. 1 findet nur Anwendung

1. auf Gesellschafter, die Geschäftsanteile in Höhe von mindestens einem Viertel des Stammkapitals besitzen sowie auf Gesellschafter, die zueinander im Verhältnis von Ehegatten, von Verwandten in gerader Linie, von Geschwistern oder Erben von Geschwistern stehen und zusammen Geschäftsanteile von mindestens der Hälfte des Stammkapitals besitzen;
2. auf Gesellschafter, die als Geschäftsführer oder Prokuristen der Gesellschaft bestellt sind oder waren, sowie auf Gesellschafter, die Ehegatten oder Erben solcher Personen sind, wenn diese Gesellschafter in beiden Fällen allein oder zusammen Geschäftsanteile in Höhe von mindestens der Hälfte des Stammkapitals besitzen.

Abgabe vom Vermögen.

§ 15. Abgabepflichtiges Vermögen ist das nach den Vorschriften des Besitzsteuergesetzes auf den 31. Dezember 1916 festgestellte Vermögen.

²) Die Abgabe vom Vermögen (§§ 1, 19) ist nach den Vorschriften des **Besitzsteuergesetzes** vom 3. Juli 1913 (RGBl. S. 524) zu ermitteln, oder genauer ausgedrückt, von den bereits nach dem Stande vom 31. XII. 1916 nach Maßgabe des Besitzsteuergesetzes festgestellt gewesenen Vermögen ist **nachträglich** auch noch die Abgabe der §§ 15—19 neben der Besitzsteuer zu entrichten. Ausnahmsweise ist nicht der Stand vom 31. XII. 1916, sondern der vom 31. XII. 1917 maßgeblich (vgl. §§ 16, 17).

§ 16. Das abgabepflichtige Vermögen ist nach den Vorschriften des Besitzsteuergesetzes auf den 31. Dezember 1917 besonders festzustellen[1] [2]),

1. wenn eine Vermögensfeststellung auf den 31. Dezember 1916 nicht stattgefunden hat,
2. wenn sich das Vermögen eines Abgabepflichtigen nach dem 31. Dezember 1916 durch einen im § 3 Abs. 1 Nr. 1 oder 3 des Kriegssteuergesetzes vom 21. Juni 1916 bezeichneten Vermögensanfall um mehr als fünftausend Mark vermehrt hat[1] [2]).

¹) Mit dem Vermögen sind abgabepflichtig diejenigen Einzelpersonen, welche die Voraussetzungen der persönlichen Abgabepflicht nach §§ 1, 2 des Gesetzes erfüllen.

Abgabepflichtig ist das nach den Vorschriften des Besitzsteuergesetzes auf den 31. Dezember 1916 festgestellte Vermögen.

Eine Neufeststellung auf den 31. Dezember 1917 nach den Vorschriften des Besitzsteuergesetzes hat nur zu erfolgen,

1. wenn eine Vermögensstellung auf den 31. Dezember 1916 nicht stattgefunden hat,
2. wenn sich das Vermögen eines Abgabepflichtigen nach dem 31. Dezember 1916 durch Erbanfall, durch Lehen-, Fideikommiß- oder Stammgutanfall, infolge Vermächtnisses oder auf andere Weise aus dem Nachlaß eines Verstorbenen von Todes wegen, ferner durch Schenkung oder durch eine sonstige ohne entsprechende Gegenleistung erhaltene Zuwendung um mehr 5000 Mark vermehrt hat,

3. auf Antrag, wenn der Abgabepflichtige nachweist, daß sich sein Vermögen gegenüber dem Stande vom 31. Dezember 1916 um mehr als den fünften Teil vermindert hat.

Alle Vermögen von weniger als 101000 Mark sind von der Abgabe befreit.

[2]) Was die Bedeutung der Ziffer 2 des § 16 anlangt, so wurde hierüber in den Verhandlungen des Ausschusses folgendes verhandelt:

Ein Regierungsvertreter führte aus: Nach der vorliegenden Fassung des § 16 unter Nr. 2 würden Schenkungen, die in die Zeit vom 1. Januar bis 31. Dezember 1917 fallen, doppelt zur Versteuerung kommen, und zwar sowohl in der Hand des Schenkers, für den der Stand am 31. Dezember 1916, als auch in der Hand des Beschenkten, für den der Stand vom 31. Dezember 1917 maßgebend sein würde. Um dies zu vermeiden, könnte dem § 16 Nr. 2 folgender Satz angefügt werden: „Von dieser besonderen Vermögensfeststellung ist in den Fällen des § 3 Abs. 1 Nr. 3 des Kriegssteuergesetzes vom 21. Juni 1916 auf Antrag insoweit abzusehen, als das angefallene Vermögen nachweislich in der Hand eines anderen Abgabepflichtigen besteuert wird." Ferner führte er aus: Die Neufeststellung des Vermögens nach dem Stande vom 31. Dezember 1917 führe im Falle Nr. 2 zu einer ganz ungleichen Behandlung der in Betracht kommenden Abgabepflichtigen im Vergleiche zu anderen Personen. Wegen eines verhältnismäßig geringen Vermögensanfalles durch Erbschaft oder Schenkung solle ihr gesamtes Vermögen nach dem Stande vom 31. Dezember 1917 neu festgestellt werden, sie müßten also Vermögenswerte, die im Jahre 1917 durch Kapitalisierung von Einkommen entstanden sind, oder auf Kurssteigerungen oder ähnlichen Ursachen beruhen, mitversteuern, während diese Vermögensteile bei anderen Abgabepflichtigen freibleiben, weil bei ihnen der Stand vom 31. Dezember 1916 maßgebend ist. Anderseits kämen ihnen Verminderungen des Vermögens zugute, wie sie auch Bewertungen ihres Vermögens, bei denen sie sich Ende 1916 beruhigt haben, von neuem anfechten können. Diese Ungleichheit würde vermieden werden, wenn in Fällen der Nr. 2 nicht das ganze Vermögen neu festgestellt, sondern nur die aus den dort bezeichneten Anlässen eingetretene Vermögensvermehrung ermittelt und zu dem Vermögen vom 31. Dezember 1916 hinzugerechnet würde. Dieses Verfahren würde für die Steuerbehörden zugleich eine Vereinfachung bedeuten, weil sie sich alsdann mit der Ermittlung und Bewertung des bisherigen Vermögens nicht zu befassen, sondern nur das zugewachsene Vermögen zu ermitteln brauchen, das in vielen Fällen aus den Akten der Erbschaftssteuer ohne weiteres zu ersehen ist. Verminderung, die das angefallene Vermögen vom Zeitpunkte des Erwerbes bis zum 31. Dezember 1916 insbesondere durch Schenkungen oder ähnliche Vermögensübergabe erfahren hat, müßte allerdings berücksichtigt werden.

Ein Ausschußmitglied nahm diese Anregung als Antrag auf. Von anderer Seite wurde diesem Antrag widersprochen und es nicht für praktisch erachtet, eine solche Bestimmung in das Gesetz aufzunehmen. Der Antrag wurde darauf, obwohl der Regierungsvorschlag eine Ungerechtigkeit beseitigt haben würde, abgelehnt und § 16 in der gegenwärtigen unvollkommenen Fassung angenommen.

§ 17. Außer in den Fällen des § 16 ist auf Antrag des Pflichtigen die Abgabe nach dem auf den 31. Dezember 1917 neu festzustellenden Vermögen zu bemessen, wenn er nachweist, daß sich sein Vermögen gegenüber dem Stande vom 31. Dezember 1916 um mehr als den fünften Teil vermindert hat. § 4 Abs. 3 Satz 2 findet Anwendung[1]).

[1]) Wird ein Antrag gemäß § 17 des Gesetzes noch rechtzeitig nach Zustellung des Steuerbescheids gestellt, so ist die Veranlagung zunächst zu berichtigen. Mit der Zustellung des berichtigten Steuerbescheids oder der Mitteilung, daß sich an dem Bescheide nichts ändere, wird eine neue Rechtsmittelfrist eröffnet.

§ 18. Vermögen von nicht mehr als einhunderttausend Mark sind von der Abgabe befreit.

§ 19. Die Kriegsabgabe vom Vermögen beträgt für die ersten 200000 Mark . . . 1 vom Tausend

für die nächsten angefangenen oder vollen		
300000 Mark	. . . .	2 vom Tausend
500000 „	. . . .	3 „ „
1000000 „	. . . .	4 „ „
für die weiteren Beträge	. . . .	5 „ „

Abgabepflicht der Gesellschaften.

§ 20. Inländische Aktiengesellschaften, Kommanditgesellschaften auf Aktien, Berggewerkschaften und andere Bergbau treibende Vereinigungen, letztere, sofern sie die Rechte juristischer Personen haben, Gesellschaften mit beschränkter Haftung und eingetragene Genossenschaften haben zugunsten des Reichs von dem im vierten Kriegsgeschäftsjahr erzielten Mehrgewinn eine außerordentliche Kriegsabgabe zu entrichten[1]).

[1]) Die §§ 20ff. regeln die Kriegsbesteuerung der Gesellschaften, welche juristische Persönlichkeit haben! Wegen der allgemeinen Grundlagen der Besteuerung dieser Gesellschaften vgl. die allgemeinen Vorbemerkungen zum Gesetz.

In der Einzelerörterung führte ein Abgeordneter zu § 20 aus, es möchte doch noch einmal eingehend erwogen werden, ob denn die Grundlage der Kriegsbesteuerung der Gesellschaften richtig oder ob sie nicht vielmehr einer Erweiterung fähig und bedürftig sei. Die Vorlage erfasse wie schon das alte Kriegssteuergesetz lediglich die während des Krieges erzielte Gewinnsteigerung, die Differenz zwischen dem vor dem Kriege und dem während des Krieges erzielten Gewinn. Sie lasse aber die Gesellschaften völlig frei, die bereits im Frieden unter einer günstigen Konjunktur, wie z. B. durch Waffen- und Munitionslieferung während des Balkankrieges sehr große Gewinne gemacht haben und denen es gelungen sei, die Gewinne jetzt während des Krieges, wenn auch nicht zu steigern, so doch auf ihrer früheren Höhe zu erhalten. Es sei sachlich wohl gerechtfertigt, auch solche Gesellschaften zur Kriegssteuer heranzuziehen.

§ 10 der Vorlage, der ja auch das Verhältnis des Geschäftsgewinnes zum Gesellschaftskapital berücksichtige, weise wohl einen Weg, wie man die hohen Gewinne erfassen könnte, auch wenn sie keine Mehrgewinne seien. Tue man dies, so würden zweifelsohne schroffe Ungleichheiten in der Besteuerung leistungsfähiger Betriebe vermieden. Andere Abgeordnete traten diesen Ausführungen bei. Es sei zu erwägen, ob man nicht neben den Mehrgewinnen nach einem besonderen Steuerschlüssel unter Freilassung einer gewissen Untergrenze die Gesellschaftsgewinne, die nicht Mehrgewinne seien, mit einer Steuer belegen solle. Es wurde davon gesprochen, daß es sich hier manchmal eigentlich um antizipierte Kriegsgewinne handle. Dem wurde aus der Mitte des Ausschusses entgegengetreten mit dem Hinweis, daß nicht das Verhältnis der Dividende zum Nennwert der Aktien, sondern das Verhältnis zum Kurswerte maßgebend sei. Die vorgeschlagene Ausdehnung der Besteuerung würde vielfach die Kurse erheblich drücken und in weitem Maße das Vermögen der Besitzer von Dividendenwerten schädigen. Auch der Unterstaatssekretär im Reichsschatzamt wandte sich gegen den Gedanken einer Ausdehnung der Abgabe auf die den Friedensdurchschnitt nicht übersteigenden Gesellschaftsgewinne. Der Gedanke sei bereits im Jahre 1915 bei dem Gesetz über vorbereitende Maßnahmen zur Besteuerung der Kriegsgewinne eingehend erörtert und mit gutem Grunde nicht weiter verfolgt worden. Er müsse auch jetzt bitten, es bei der Vorlage bewenden zu lassen. Sonst käme man zu einer glatten Einkommensteuer, gegen welche die verbündeten Regierungen die schwersten Bedenken haben. Dadurch rüttle man wieder an den Grundlagen des Steuerkompromisses und gefährde das ganze Gesetzgebungswerk. Den letzteren Ausführungen stimmten mehrere Mitglieder des Ausschusses zu, andere widersprachen ihnen mit dem Hinweis darauf, daß man ähnlich wie beim Wehrbeitrag verfahren könne, und daß es gelte, eine Lücke in der Gesellschaftsbesteuerung auszufüllen. Von der Stellung eines auf die Erweiterung der Abgabepflicht abzielenden Antrages wurde daraufhin abgesehen, so daß es bei der Besteuerung der Mehrgewinne verbleibt.

§ 21. Als abgabepflichtiger Mehrgewinn gilt der Unterschied zwischen dem Friedensgewinne

(§ 22) und dem in dem vierten Kriegsgeschäftsjahre (§ 23) erzielten Geschäftsgewinne (§ 24).

Der Unterschiedsbetrag wird auf volle Tausende nach unten abgerundet. Beträge unter fünftausend Mark bleiben außer Betracht.

§ 22. Friedensgewinn ist der nach den Vorschriften in §§ 16, 17 des Kriegssteuergesetzes vom 21. Juni 1916 berechnete durchschnittliche frühere Geschäftsgewinn.

Die Anteile der Vorstandsmitglieder oder Geschäftsführer wie der sonstigen Beamten und Angestellten am Jahresgewinn, auf welche diese einen Rechtsanspruch haben, sind als abzugsfähige Betriebskosten anzusehen. Dagegen sind Vergütungen (Tantiemen) der Aufsichtsratsmitglieder, die von der Höhe des Reingewinns und von dessen Feststellung durch die Generalversammlung oder Gesellschafterversammlung abhängig sind, von dem Geschäftsgewinne nicht abzusetzen.

Sind Gesellschafter zu Geschäftsführern einer Gesellschaft mit beschränkter Haftung bestellt, so sind die ihnen zukommenden Gewinnanteile nur insoweit als abzugsfähige Betriebskosten zu behandeln, als sie sich als Entgelt für die auf Grund eines mit der Gesellschaft abgeschlossenen Dienstvertrags ausgeübte Tätigkeit als Geschäftsführer darstellen. Der Umstand, daß die Bestellung als Geschäftsführer im Gesellschaftsvertrage selbst erfolgt ist, schließt die Annahme eines Dienstvertragsverhältnisses nicht aus.

§ 23. Als viertes Kriegsgeschäftsjahr gilt das Geschäftsjahr, das auf den durch den § 15 des Kriegssteuergesetzes vom 21. Juni 1916 erfaßten Zeitraum folgt[1]).

Abgesehen von den Fällen der Neugründung oder der Auflösung einer Gesellschaft muß das vierte Kriegsgeschäftsjahr einen Zeitraum von mindestens zwölf Monaten umfassen. Ein beim Ablauf der zwölf Monate noch laufendes Geschäftsjahr ist voll zu berücksichtigen, es sei denn, daß für den Zeitpunkt des Ablaufs der zwölf Monate ein Geschäftsabschluß gemacht wird.

[1]) Als viertes Kriegsgeschäftsjahr kommen folgende Zeiträume in Betracht:

wenn das Geschäftsjahr mit dem 31. August endet, das Geschäftsjahr vom 1. September bis 31. August 1917;
wenn das Geschäftsjahr mit dem 30. September endet, das Geschäftsjahr vom 1. Oktober 1916 bis 30. September 1917;
wenn das Geschäftsjahr mit dem 31. Oktober endet, das Geschäftsjahr vom 1. November 1916 bis 31. Oktober 1917;
wenn das Geschäftsjahr mit dem 30. November endet, das Geschäftsjahr vom 1. Dezember 1916 bis 30. November 1917;
wenn das Geschäftsjahr mit dem 31. Dezember endet, das Geschäftsjahr vom 1. Januar 1917 bis 31. Dezember 1917;
wenn das Geschäftsjahr mit dem 31. Januar endet, das Geschäftsjahr vom 1. Februar 1917 bis 31. Januar 1918;
wenn das Geschäftsjahr mit dem 28. Februar endet, das Geschäftsjahr vom 1. März 1917 bis 28. Februar 1918;
wenn das Geschäftsjahr mit dem 31. März endet, das Geschäftsjahr vom 1. April 1917 bis 31. März 1918;
wenn das Geschäftsjahr mit dem 30. April endet, das Geschäftsjahr vom 1. Mai 1917 bis 31. April 1918;
wenn das Geschäftsjahr mit dem 31. Mai endet, das Geschäftsjahr vom 1. Juni 1917 bis 31. Mai 1918;
wenn das Geschäftsjahr mit dem 30. Juni endet, das Geschäftsjahr vom 1. Juli 1917 bis 30. Juni 1918;
wenn das Geschäftsjahr mit dem 31. Juli endet, das Geschäftsjahr vom 1. August 1917 bis 31. Juli 1918.

Das weitere „Kriegsgeschäftsjahr" des neuen Gesetzes schließt also unmittelbar an die drei Kriegsgeschäftsjahre des alten Kriegssteuergesetzes an. Der § 15 des alten Kriegssteuergesetzes bestimmte:

Als Kriegsgeschäftsjahre gelten die drei aufeinander folgenden Geschäftsjahre, deren erstes noch den Monat August 1914 mitumfaßt oder bei einer später gegründeten Gesellschaft mitumfassen würde, wenn sie damals schon bestanden hätte.

§ 24. Der Geschäftsgewinn [1] [2] [3] [5]) des vierten Kriegsgeschäftsjahrs ist nach den Vorschriften der §§ 16, 18 des Kriegssteuergesetzes vom 21. Juni 1916 und des § 22 Abs. 2 und 3 dieses Gesetzes zu berechnen.

Die Sonderrücklage und die Kriegssteuer dürfen von dem Geschäftsgewinn eines Kriegsgeschäftsjahrs nicht abgesetzt werden. Beträge einer frei gewordenen Sonderrücklage aus einem früheren Kriegsgeschäftsjahre, die den Bilanzgewinn erhöht haben, sind vom Geschäftsgewinne für die Zwecke der Kriegssteuerberechnung abzuziehen.

Ist eine Gesellschaft mit einer Unterbilanz in das vierte Kriegsgeschäftsjahr eingetreten, so können die zur Beseitigung der Unterbilanz erforderlichen Beträge von dem Geschäftsgewinne dieses Geschäftsjahrs abgesetzt werden [4]).

[1]) Der Begriff „**Geschäftsgewinn**" im Sinne des § 24 des Gesetzes ist nur durch Hinweis auf die §§ 16, 18 des **Kriegssteuergesetzes** v. 21. 6. 1916 angedeutet.

Diese Paragraphen lauten:

§ 16. Geschäftsgewinn (§§ 14, 17) ist der in einem Geschäftsjahr erzielte, nach den gesetzlichen Vorschriften und den Grundsätzen ordnungsmäßiger kaufmännischer Buchführung berechnete Bilanzgewinn. Abschreibungen sind insoweit zu berücksichtigen, als sie einen angemessenen Ausgleich der Wertverminderung darstellen.

Bei Kommanditgesellschaften auf Aktien bleiben diejenigen Gewinnbeträge, welche auf die von den persönlich haftenden Gesellschaftern nicht auf das Grundkapital gemachten Einlagen entfallen, außer Ansatz.

§ 18. Gesellschaften, die mehr als ein Fünftel aller Aktien oder Anteile einer anderen Gesellschaft der im § 13 bezeichneten Art besitzen, dürfen von dem Geschäftsgewinn eines Kriegsgeschäftsjahrs die Mehreinnahme aus diesen Aktien oder Anteilen absetzen.

Als Mehreinnahme (Abs. 1) gilt der anteilige Betrag, der von der anderen Gesellschaft (Tochtergesellschaft) über den Durchschnitt der nach § 17 Abs. 1 in Betracht kommenden Jahre hinaus oder, wenn die Gesellschaft noch kein volles Jahr vor den Kriegsgeschäftsjahren bestanden hat, über eine fünfprozentige Dividende oder Ausbeute hinaus in einem Kriegsgeschäftsjahr als Dividende oder Ausbeute verteilt worden ist.

Nach der amtlichen Begründung ist als Geschäftsgewinn anzusehen „der in einem Geschäftsjahr erzielte Reinertrag, der nach den Grundsätzen zu berechnen ist, wie solche für die Aufstellung des Inventars und der Bilanz gesetzlich vorgeschrieben sind und sonst dem Gebrauch eines ordentlichen Kaufmannes entsprechen". Die Begründung fügt hinzu: „Da die Einkommensbesteuerung der Gesellschaften in den Bundesstaaten zum Teil nach verschiedenen Grundsätzen erfolgt (Überschußbesteuerung, Reingewinnbesteuerung), so deckt sich, abgesehen von der durchschnittlichen Berechnung, der Reinertrag im Sinne des Kr.StG. nicht ohne weiteres mit dem steuerpflichtigen Einkommen (im übrigen vgl. auch hierzu Begr. S. 13, KommBer. S. 24).

Näheres ist aus der amtlichen Begründung nicht ersichtlich, so daß auf den allgemeinen **wirtschaftlichen** Begriff Geschäftsgewinn und die dazu ergangene umfangreiche Rechtsprechung verwiesen werden muß. Letztere ist besonders gründlich und übersichtlich in Buck, Kommentar zum Kriegssteuergesetz 1916—1919 (Verlag Schwann, Düsseldorf) dargestellt und erläutert.

[1]) Bei Gesellschaften mit beschränkter Haftpflicht und eingetragenen Genossenschaften, die der gemeinschaftlichen Verwertung von Erzeugnissen der Gesellschafter oder Genossen oder dem gemeinschaftlichen Einkauf von Waren ausschließlich

für die Gesellschafter oder Genossen dienen, gilt als Geschäftsgewinn im Sinne des Gesetzes und des Kriegssteuergesetzes vom 21. Juni 1916 nicht derjenige Teil des Reingewinns, der als Entgelt für die von den Gesellschaftern oder Genossen eingelieferten Erzeugnisse oder als Rückvergütung auf den Kaufpreis der von den Gesellschaftern oder Genossen bezogenen Waren anzusehen ist.

Ebenso scheidet bei Versicherungsgesellschaften für die Feststellung des Geschäftsgewinns im Sinne des Gesetzes und des Kriegssteuergesetzes vom 21. Juli 1916 derjenige Teil des Reingewinns aus, der auf die den Versicherten selbst als sogenannte Dividende zurückzugewährenden Prämienüberschüsse entfällt.

[3]) Die Vorschrift im § 24 Abs. 1 des Gesetzes, § 16 Abs. 1 Satz 2 des Kriegssteuergesetzes vom 21. Juni 1916 gilt nicht nur für die Abschreibungen, die durch unmittelbare Einstellung des wirklichen zeitigen Wertes in die Bilanz erfolgen, sondern auch für die Abschreibungen, die durch Ansetzung des ursprünglichen Wertes unter bilanzmäßiger Gegenüberstellung eines besonderen, die Wertverminderung darstellenden Kontos (Erneuerungs-, Delkrederekonto) erfolgen.

Inwieweit Abschreibungen einen angemessenen Ausgleich der Wertverminderung darstellen, ist unter Berücksichtigung der besonderen Verhältnisse des einzelnen Unternehmens, insbesondere auch unter Berücksichtigung der durch den Krieg und durch die spätere Überführung in die Friedenswirtschaft bedingten Veränderungen, nach den Grundsätzen eines ordentlichen Kaufmanns zu beurteilen.

[4]) Bei der Ermittlung des in den einzelnen Friedensjahren erzielten Geschäftsgewinns sind auch die Beträge zu berücksichtigen, die zur Deckung eines aus früheren Jahren herrührenden Verlustes verwendet worden sind.

[5]) Für die Berechnung des im vierten Kriegsgeschäftsjahr erzielten Geschäftsgewinns dürfen Vermögensgegenstände, insbesondere Warenvorräte, die in diesem Jahre veräußert worden sind, anstatt mit dem Buchwert der letzten Friedensbilanz, mit dem wirklichen Werte angesetzt werden, den sie zur Zeit der Aufstellung der letzten Friedensbilanz, jedoch zu keinem späteren Zeitpunkt als am 30. Juni 1914 gehabt haben. Es

darf somit der Unterschied zwischen dem Buchwert und dem wirklichen Werte, mit dem die Vermögensgegenstände hätten in die Bilanz eingesetzt werden können, von dem Geschäftsgewinne des vierten Kriegsgeschäftsjahrs abgesetzt werden. Als Veräußerung im Sinne dieser Vorschrift gilt jedoch nicht die Veräußerung durch Tausch, Fusion oder einen ähnlichen Rechtsvorgang.

§ 25. Sind die Geschäftsgewinne der früheren Kriegsgeschäftsjahre im Gesamtergebnisse hinter dem entsprechenden Betrage des Friedensgewinns zurückgeblieben, so darf der Mindergewinn von dem Mehrgewinne des vierten Kriegsgeschäftsjahrs abgezogen werden.

§ 26. Wird eine Gesellschaft vor Ablauf ihres vierten Kriegsgeschäftsjahrs aufgelöst, so bleibt die Abgabepflicht für die Zeit bis zur Auflösung der Gesellschaft bestehen.

Umfaßt im Falle der Neugründung oder der Auflösung einer Gesellschaft das vierte Kriegsgeschäftsjahr einen kürzeren Zeitraum als zwölf Monate, so wird für die Berechnung des Mehrgewinns der Gewinn dieses Geschäftsjahrs mit einem verhältnismäßigen Teilbetrage des Friedensgewinns verglichen.

§ 27. § 24 des Kriegssteuergesetzes vom 21. Juni 1916 oder Anordnungen auf Grund dieser Vorschrift finden für die Feststellung des abgabepflichtigen Mehrgewinns des vierten Kriegsgeschäftsjahrs Anwendung.

Hat der Bundesrat gemäß § 36 des Kriegssteuergesetzes vom 21. Juni 1916 eine anderweite Berechnung des Friedensgewinns genehmigt, so ist diese Berechnung auch der Feststellung des Mehrgewinns des vierten Kriegsgeschäftsjahrs zugrunde zu legen.

§ 28. Von der Abgabe befreit sind inländische Gesellschaften, die auf Grund des § 7 des Gesetzes über vorbereitende Maßnahmen zur Besteuerung der Kriegsgewinne vom 24. Dezember 1915 (Reichs-Gesetzbl. S. 837) vom Bundesrat als ausschließlich gemeinnützige Gesellschaften anerkannt worden sind oder als solche anerkannt werden[1]).

[1]) Wegen der Kriegswirtschaftsgesellschaften ist die Gemeinnützigkeit vom Reichsschatzsekretär verneint worden (KommBer. S. 27). Speziell bezüglich der Kriegswirtschaftsgesellschaften bemerkte der Reichsschatzsekretär, daß überall, wo sich ein Anlaß und eine Möglichkeit biete, auf eine Änderung der Satzungen dahingehend gedrungen werde, daß der Überschuß über 5 % der Reichskasse, und zwar ganz, nicht nur zur Hälfte, zufließt (erste Lesung der Reichstagskommission, KommBer. S. 27).

§ 29. Die Abgabe beträgt für inländische Gesellschaften 60 vom Hundert des Mehrgewinns. Der Abgabesatz ermäßigt sich jedoch

um 10 vom Hundert seines Betrags, wenn der Mehrgewinn 300000 Mark, aber nicht 500000 Mark übersteigt, oder wenn bei einem Mehrgewinne von nicht mehr als 1000000 Mark der Geschäftsgewinn des vierten Kriegsgeschäftsjahrs 25 vom Hundert des eingezahlten Grund- oder Stammkapitals zuzüglich der bei Beginn des ersten Kriegsgeschäftsjahrs ausgewiesenen wirklichen Reservekontenbeträge nicht übersteigt,

um 20 vom Hundert seines Betrags, wenn der Mehrgewinn 200000 Mark, aber nicht 300000 Mark übersteigt, oder wenn bei einem Mehrgewinne von nicht mehr als 1000000 Mark der Geschäftsgewinn 20 vom Hundert dieses Kapitals nicht übersteigt, um 30 vom Hundert seines Betrags, wenn der Mehrgewinn 100000 Mark, aber nicht 200000 Mark übersteigt, oder wenn bei einem Mehrgewinne von nicht mehr als 1000000 Mark der Geschäftsgewinn 15 vom Hundert dieses Kapitals nicht übersteigt,

um 40 vom Hundert seines Betrags, wenn der Mehrgewinn 50000 Mark, aber nicht 100000 Mark übersteigt, oder wenn bei einem Mehrgewinne von nicht mehr als 1000000 Mark der Geschäftsgewinn 10 vom Hundert dieses Kapitals nicht übersteigt,

um 50 vom Hundert seines Betrags, wenn der Mehrgewinn 50000 Mark nicht übersteigt, oder wenn bei einem Mehrgewinne von nicht mehr als 1000000 Mark der Geschäftsgewinn 8 vom Hundert dieses Kapitals nicht übersteigt.

Hat sich das eingezahlte Grund- oder Stammkapital einer Gesellschaft im Laufe des Geschäftsjahrs vermehrt, so ist bei der Berechnung der Abgabe ein den Zeitraum, innerhalb dessen die Gesellschaft mit dem veränderten Grund- oder Stammkapitale bestanden hat, berücksichtigender Durchschnittsbetrag des Grund- oder Stammkapitals zugrunde zu legen.

Die zu zahlende Abgabe soll den Betrag, der sich bei Anwendung der nächstniedrigen Steuerstufe ergeben würde, nur um den Betrag des Mehrgewinns übersteigen, durch den sich die Anwendung des gesetzlichen Satzes ergeben hat. Die Abgabe soll auch nicht höher sein als der Betrag, um den der abgabepflichtige Mehrgewinn die Freigrenze (§ 21 Abs. 2) übersteigt.

§ 30. Der Abgabe unterliegen auch Gesellschaften der im § 20 bezeichneten Art, die ihren Sitz im Ausland haben, aber im Inland einen Geschäftsbetrieb unterhalten. Für die Berechnung des abgabepflichtigen Mehrgewinns der ausländischen Gesellschaften findet die Vorschrift im § 20 des Kriegssteuergesetzes vom 21. Juni 1916 Anwendung.

§ 31. Die Abgabe beträgt für ausländische[1]) Gesellschaften 60 vom Hundert des Mehrgewinns. Der Abgabesatz ermäßigt sich jedoch

um 10 vom Hundert seines Betrags bei einem Mehrgewinne von mehr als 300000 Mark und nicht mehr als 500000 Mark,

um 20 vom Hundert seines Betrags bei einem Mehrgewinne von mehr als 200000 Mark und nicht mehr als 300000 Mark,

um 30 vom Hundert seines Betrags bei einem Mehrgewinne von mehr als 100000 Mark und nicht mehr als 200000 Mark,

um 40 vom Hundert seines Betrags bei einem Mehrgewinne von mehr als 50000 Mark und nicht mehr als 100000 Mark,

um 50 vom Hundert seines Betrags bei einem Mehrgewinne von nicht mehr als 50000 Mark.

§ 29 Abs. 3 findet Anwendung.

[1]) Hierzu bemerkte ein Abgeordneter, daß die ausländischen Gesellschaften schlechter gestellt seien als die inländischen, und er fragte, ob hiergegen keine Bedenken mit Rücksicht auf bestehende oder in Zukunft abzuschließende Handelsverträge bestünden. Ein Regierungskommissar erwiderte, daß von einer Schlechterstellung der ausländischen Gesellschaften keine Rede sein könnte. Die inländischen Gesellschaften würden mit ihrem ganzen Geschäftsgewinn herangezogen, während bei den ausländischen Gesellschaften nur der im Inland erzielte Gewinn berücksichtigt werde. Damit entfalle aus rein sachlichen Gründen die Möglichkeit der Anwendung des Rentabilitätsprinzipes. Abgesehen hiervon sei aber der Steuerschlüssel für inländische wie für ausländische Gesellschaften der gleiche.

§ 32. Der Bundesrat bestimmt, ob und inwieweit Gewinnanteile, die zu ausschließlich gemeinnützigen Zwecken allgemeiner Art auf dem Gebiete der Kriegswohlfahrt verwendet worden sind, von der Abgabe befreit sind[1]).

[1]) Die Abgabe wird von den Gesellschaften insoweit nicht erhoben, als sie verhältnismäßig auf Gewinnbeträge entfällt, die dem Roten Kreuz, der Nationalstiftung für die Hinterbliebenen der im Kriege Gefallenen, der Marinestiftung und der Ludendorff-Spende zugewendet worden sind. Der unerhoben bleibende Betrag darf jedoch den zehnten Teil der nach dem Gesetze geschuldeten Abgabe nicht übersteigen.

Im übrigen entscheidet der Bundesrat über Abgabebefreiungen nach § 32 des Gesetzes.

Der Antrag auf Freilassung von Gewinnbeträgen gemäß § 32 des Gesetzes ist binnen einem Monat nach Zustellung des Bescheides bei dem Besitzsteueramte zu stellen. Wird der Antrag rechtzeitig gestellt, so kann das Besitzsteueramt die Erhebung des entsprechenden Abgabebetrages vorläufig aussetzen.

Gemeinsame Vorschriften.

§ 33. Die Veranlagung und Erhebung der Kriegsabgabe erfolgt durch die für die Veranlagung und Erhebung der Besitzsteuer zuständigen Behörden[1])[2])[3]).

Soweit dieses Gesetz nichts anderes vorschreibt, gelten die Vorschriften des Besitzsteuergesetzes über die Veranlagung und Erhebung der Besitzsteuer entsprechend für die Veranlagung und Erhebung der Kriegsabgabe[1])[2])[3]).

Die Veranlagung und Erhebung der Kriegsabgabe der Bundesfürsten erfolgt durch die vom Bundesrat auf Grund des § 25 Abs. 3 des Kriegssteuergesetzes vom 21. Juni 1916 bestimmten Behörden.

[1]) Durch Allerhöchste Verordnung vom 14. Mai 1914 zum Besitzsteuergesetz (GS. S. 91) ist für Preußen folgendes bestimmt:

1. Als die für die Verwaltung der Besitzsteuer zuständigen Behörden (Besitzsteuerämter) werden die Einkommensteuer-Veranlagungskommissionen bestimmt. Sie unterstehen den Regierungen — und für die Haupt- und Residenzstadt Berlin der Direktion für die Verwaltung der direkten Steuern — als Oberbehörden.

2. Gegen den Steuer- und den Feststellungsbescheid steht die Berufung an die Einkommensteuer-Berufungskommission und gegen deren Entscheidung die Beschwerde an das Oberverwaltungsgericht zu. Auf das Rechtsmittelverfahren finden die Vorschriften der §§ 44, 48 bis 54 des Einkommensteuergesetzes sinngemäße Anwendung.

[2]) Die Veranlagung und Erhebung der außerordentlichen Kriegsabgabe für das Rechnungsjahr 1918 erfolgt durch die mit der Veranlagung und Erhebung der Besitzsteuer betrauten Behörden (§ 1 AusfBest.).

Die Besitzsteuer-Ausführungsbestimmungen finden für die Veranlagung und Erhebung der Kriegsabgabe für das Rechnungsjahr 1918 entsprechende Anwendung, soweit sich aus dem Gesetz über eine außerordentliche Kriegsabgabe für das Rechnungsjahr 1918 und den Ausführungsbestimmungen zu diesem Gesetze nichts anderes ergibt.

[3]) Die Zuständigkeit der Bundesstaaten zur Veranlagung und Erhebung der Kriegsabgabe der Einzelpersonen regelt sich, vorbehaltlich der Bestimmung im Abs. 2, ebenso wie bei der Besitzsteuer.

Maßgebend für die Zuständigkeit sind die Wohnsitz- und Aufenthaltsverhältnisse des Abgabepflichtigen am 31. Dezember 1917. Hat ein Abgabepflichtiger nach dem 31. Dezember 1917 in einem Bundesstaate seinen Wohnsitz begründet oder seinen gewöhnlichen Aufenthalt genommen und ist er oder wird er hier bei der nach § 8 des Gesetzes maßgebenden Jahresveranlagung zur Einkommensteuer veranlagt, so ist dieser Bundesstaat zuständig, es sei denn, daß der Abgabepflichtige in dem Bundesstaate des früheren Wohnsitzes oder Aufenthalts ebenfalls bei der nach § 8 des Gesetzes maßgebenden Jahresveranlagung zur Landeseinkommensteuer veranlagt worden ist oder veranlagt wird.

Zur Veranlagung und Erhebung der Kriegsabgabe inländischer Gesellschaften ist der Bundesstaat zuständig, in dem sie ihren Sitz haben. Zur Veranlagung und Erhebung der Kriegsabgabe ausländischer Gesellschaften ist der Bundesstaat zuständig, in dessen Gebiete sich der inländische Geschäftsbetrieb befindet, und wenn sich der inländische Geschäftsbetrieb auf mehrere Bundesstaaten erstreckt, der Bundesstaat, auf den der größte Teil des inländischen Geschäftsbetriebs entfällt.

In Zweifelsfällen entscheidet der Bundesrat.

§ 34[1]. Wer ein Vermögen von mehr als hunderttausend Mark besitzt, ist zur Abgabe einer Vermögenserklärung verpflichtet, sofern die Kriegsabgabe nicht nach dem auf den 31. Dezember 1916 festgestellten Vermögen zu bemessen ist.

Die Vorstände, persönlich haftenden Gesellschafter, Repräsentanten, Geschäftsführer oder Liquidatoren der pflichtigen Gesellschaften (§ 20), bei ausländischen Gesellschaften (§ 30) die Vorsteher der inländischen Niederlassungen sind verpflichtet, dem Besitzsteueramt eine Steuererklärung einzureichen, welche nach näherer Bestimmung des Bundesrats die für die Feststellung des abgabepflichtigen Mehrgewinns erforderlichen Angaben zu enthalten hat.

[1]) Die Frist für die Abgabe der Vermögenserklärung der Einzelpersonen, die nach § 34 Abs. 1 des Gesetzes zu einer Vermögenserklärung verpflichtet sind, wird durch die oberste Landesfinanzbehörde festgesetzt.

Die Steuererklärung der Gesellschaften (§ 34 Abs. 2 des Gesetzes) ist in der Zeit vom 1. bis zum 31. Oktober 1918 abzugeben. Für die Gesellschaften, deren viertes Kriegsgeschäftsjahr erst nach dem 31. März 1918 endigt, erstreckt sich die Frist auf sechs Monate nach Ablauf dieses Geschäftsjahrs.

Eine beim Inkrafttreten des Gesetzes bereits abgegebene unrichtige oder unvollständige Steuererklärung, auf Grund deren die Veranlagung der Kriegsabgabe vom Mehreinkommen oder Vermögen zu erfolgen hat, ist vom Abgabepflichtigen zur Vermeidung des im § 39 des Gesetzes angedrohten Rechtsnachteils spätestens innerhalb eines Monats nach Zustellung des Steuerbescheids (§ 35 des Gesetzes) der Behörde gegenüber zu berichtigen oder zu vervollständigen.

§ 35. Der Betrag der geschuldeten Abgabe wird dem Abgabepflichtigen von dem Besitzsteueramte durch einen Bescheid mitgeteilt. Der Bescheid enthält eine Belehrung über die zulässigen Rechtsmittel und eine Anweisung zur Entrichtung der Abgabe innerhalb der gesetzlichen Zahlungsfrist.

Soweit dem Abgabepflichtigen die Berechnungsgrundlagen der angeforderten Abgabe nicht anderweit bereits mitgeteilt sind oder mitgeteilt werden, sind sie ihm durch den Steuerbescheid bekanntzugeben. Dabei sind die Punkte zu bezeichnen, in welchen von den Angaben des Abgabepflichtigen abgewichen worden ist.

§ 36. Die Landesregierung bestimmt die gegen den Steuerbescheid zunächst zulässigen Rechtsmittel einschließlich des Rechtsmittelverfahrens. Nach Erschöpfung des landesrechtlich geordneten Rechtsmittelzugs ist binnen einem Monat die Rechtsbeschwerde an den Reichsfinanzhof gegeben[1] [2]).

Die nach Landesrecht erfolgende Feststellung des Friedens- und Kriegseinkommens kann nur durch die gegen die landesrechtliche Einkommensteuerveranlagung zulässigen Rechtsbehelfe angefochten werden, es sei denn, daß das Einkommen gemäß § 12 für die Veranlagung der Kriegsabgabe besonders zu ermitteln ist[1] [2]).

[1]) Ist die landesrechtliche Einkommensteuerveranlagung durch eine andere Behörde als durch die für die Veranlagung der Kriegsabgabe zuständige Behörde erfolgt, so hat die Einkommensteuerveranlagungsbehörde dieser die maßgebende Einkommensfeststellung mitzuteilen.

[2]) In den Fällen des § 12 des Gesetzes kann die Feststellung des Kriegseinkommens, in den Fällen des § 5 des Gesetzes und des § 12 Abs. 2 der Ausführungsbestimmungen kann die Feststellung des Friedenseinkommens und in den Fällen des § 11 der Ausführungsbestimmungen kann die nach Maßgabe der Bestimmungen im § 5 des Gesetzes erfolgte Feststellung des Friedenseinkommens durch die im § 36 des Gesetzes vorgesehenen Rechtsmittel gegen den Steuerbescheid angefochten werden. In allen übrigen Fällen kann die Feststellung des Friedens- und Kriegseinkommens durch die im § 36 des Gesetzes vorgesehenen Rechtsmittel gegen den Steuerbescheid nur angefochten werden, sofern und soweit die Verletzung von Vorschriften des Kriegsabgabegesetzes selbst (z. B. des § 6 und § 9) behauptet wird, nicht dagegen, sofern und soweit die Verletzung von Vorschriften der Landeseinkommensteuergesetze behauptet wird.

§ 37. Die Abgabe ist binnen einem Monat nach Zustellung des Kriegssteuerbescheids zu entrichten.

Nach Entrichtung der Abgabe steht dem Pflichtigen über den zur Zahlung nicht verwendeten Teil der nach den Vorschriften des Gesetzes über Sicherung der Kriegssteuer vom 9. April 1917 (Reichs-Gesetzbl. S. 351) gebildeten Kriegssteuerrücklage die freie Verfügung zu.

Die auf Grund rechtskräftiger Entscheidung zu erstattenden Beträge sind mit 5 vom Hundert für das Jahr zu verzinsen.

§ 38. Bei Entrichtung der Abgabe werden die fünfprozentigen Schuldverschreibungen, Schuldbuchforderungen und Schatzanweisungen der Kriegsanleihen des Deutschen Reichs mit Zinsenlauf vom 1. Oktober 1918 ab zum Nennwert und die viereinhalbprozentigen Schatzanweisungen dieser Kriegsanleihen unter Zugrundelegung des gleichen Zinsenlaufs zu einem vom Reichskanzler festzusetzenden und bekanntzumachenden Kurse an Zahlungs Statt angenommen [1]) [2]) [3]).

[1]) Die Vorschrift, daß bei dem vorgesehenen Annahmewerte der Schuldverschreibungen, Schuldbuchforderungen und Schatzanweisungen der Kriegsanleihen des Deutschen Reiches ein Zinsenlauf vom 1. Oktober 1918 zugrunde gelegt wird, enthält zugleich die Pflicht zur Verzinsung der Abgabe von diesem Tage an. (Zu vergleichen § 36 der Ausführungsbestimmungen zum Kriegssteuergesetze vom 21. Juni 1916, abgedruckt in den Anmerkungen zu § 32 des alten Kriegssteuergesetzes.) Auf eine Verzinsung der bar zu zahlenden Beträge, bei denen es sich in der Regel nur um kleine Spitzenbeträge handeln wird, ist verzichtet worden, weil durch die Verzinsung auch dieser Beträge den Hebestellen eine Mehrarbeit entstehen würde, die wegen der geringfügigen finanziellen Bedeutung dieser Maßnahme nicht gerechtfertigt erscheint. Eine dem § 31 Abs. 4 des Kriegssteuergesetzes vom 21. Juni 1916 entsprechende Vorschrift über Vorauszahlungen ist entbehrlich. Die Hingabe von Kriegsanleihe zur Zahlung der Kriegssteuer wird auch ohne eine solche Vorschrift vor Zustellung des Kriegssteuerbescheides möglich sein. Durch die Vorschrift über den Annahmewert von Kriegsanleihe im § 15 des Entwurfes (§ 38 des Gesetzes) wird in diesen Fällen bis zum 30. September 1918 mittelbar eine Zinsvergütung gewährt. Bare Vorauszahlungen werden kaum zu erwarten sein.

[2]) Bei Entrichtung der Kriegsabgabe 1918 sind nach § 38 des Gesetzes Schuldverschreibungen, Schuldbuchforderungen und Schatzanweisungen der Kriegsanleihen des Deutschen Reichs an Zahlungs Statt anzunehmen. Fünfprozentige Schuldverschreibungen, Schuldbuchforderungen und Schatzanweisungen sowie die auslosbaren viereinhalbprozentigen Schatzanweisungen der sechsten, siebenten und achten Kriegsanleihe mit Zinsen für die Zeit vom 1. Oktober 1918 ab werden zum Nennwert, die nicht auslosbaren viereinhalbprozentigen Schatzanweisungen der vierten und fünften Kriegsanleihe mit Zinsen vom 1. Oktober 1918 ab zum Werte von 96,50 Mark für je 100 Mark Nennwert angenommen. Sind Zinsen für einen nach dem 30. September 1918 liegenden Zeitraum bereits erhoben, so vermindert sich der Annahmewert um diesen

Zinsenbetrag. Werden Wertpapiere mit Zinsen für einen vor dem 1. Oktober 1918 liegenden Zeitraum übergeben oder werden Schuldbuchforderungen mit Zinsen für einen vor dem 1. Oktober 1918 liegenden Zeitraum auf das Konto der Reichskasse übertragen, so erhöht sich der Annahmewert um diese Zinsen.

Schuldverschreibungen, Schuldbuchforderungen und Schatzanweisungen der Kriegsanleihen des Deutschen Reichs können nur insoweit in Zahlung gegeben werden, als der Annahmewert (Abs. 1) den Betrag der geschuldeten Kriegsabgabe nicht übersteigt. Eine bare Herauszahlung auf hingegebene Stücke oder Buchforderungen der Kriegsanleihen findet nicht statt.

[3]) Wer bei Entrichtung der Kriegsabgabe 1918 Schuldverschreibungen oder Schatzanweisungen der Kriegsanleihen des Deutschen Reichs hingeben will, hat die Stücke nebst den dazugehörigen Zinsscheinen und Zinserneuerungsscheinen einer der vom Reichskanzler bekanntgegebenen Annahmestellen mit einem Antrage nach Muster 9 einzureichen.

Wer zur Entrichtung der Kriegsabgabe 1918 Schuldbuchforderungen der Kriegsanleihen des Deutschen Reichs verwenden will, hat bei der Reichsschuldenverwaltung (Schuldbuchangelegenheit) in Berlin SW 68, Oranienstraße 92/94, einen Antrag auf Übertragung seiner Schuldbuchforderung oder eines entsprechenden auf volle hundert Mark lautenden Teiles der Schuldbuchforderung auf das Konto der Reichskasse für Kriegsabgabe 1918 nach Muster 10 zu stellen. Der Antrag ist von dem Antragsteller zu unterschreiben. Von einer Beglaubigung der Unterschrift wird die Reichsschuldenverwaltung absehen. Der Antrag wird nur berücksichtigt, sofern sich auf dem Konto des Antragstellers keine Beschränkung zugunsten Dritter, wie Zinsgenußrechte, Pfandrechte usw., befindet.

Vordrucke zu den Anträgen (Abs. 1 und 2) werden den Steuerpflichtigen kostenfrei verabfolgt.

Die Übertragung der Reichsschuldbuchforderungen auf das Konto der Reichskasse erfolgt gebührenfrei.

§ 39. Die Strafvorschriften in §§ 33 bis 35 des Kriegssteuergesetzes vom 21. Juni 1916 finden für die nach diesem Gesetze zu erhebende Kriegsabgabe mit der Maßgabe Anwendung, daß das Vergehen der Abgabegefährdung auch vollendet ist, wenn der Abgabepflichtige es bis zu einem vom Bundesrate zu bestimmenden Zeitpunkt unterläßt, eine bereits abgegebene unrichtige oder unvollständige Steuererklärung, auf Grund deren die Veranlagung der Kriegsabgabe vom Mehreinkommen und Vermögen zu erfolgen hat, der Behörde gegenüber zu berichtigen oder zu vervollständigen.

§ 40[1])[2]). Der Bundesrat kann auf Antrag zur Vermeidung besonderer Härten eine von den Vorschriften dieses Gesetzes abweichende Berechnung des Mehreinkommens und Mehrgewinns unter billiger Berücksichtigung der tatsächlichen wirtschaftlichen Verhältnisse eines Abgabepflichtigen genehmigen. Er kann insbesondere zulassen, daß der Ermittlung des Friedenseinkommens oder Friedensgewinns das Ergebnis anderer Jahre zugrunde gelegt wird. Er kann das Mehreinkommen, soweit es nicht auf einer wirklichen Einkommensvermehrung, sondern lediglich auf einer veränderten Schätzung des Ertrags einzelner Einkommensquellen bei der Veranlagung des Friedens- und Kriegseinkommens beruht, oder das Mehreinkommen, auf das der Abgabepflichtige auch seiner Höhe nach bereits vor dem Kriege einen Rechtsanspruch erworben hatte, von der Abgabe freistellen. Er kann ferner Unbilligkeiten beseitigen, die sich aus Besonderheiten der einzelstaatlichen Einkommensteuergesetze oder daraus ergeben, daß die landesrechtliche Einkommensteuerveranlagung eine Wertminderung der Einkommensquelle nicht ausreichend berücksichtigt.

[1]) Ein Mitglied legte Wert auf die Feststellung, daß § 40 (§ 16a des Entwurfes) nicht nur ein Gnaden- oder Erlaßrecht

des Bundesrates festsetze, wie es ihm als Träger der Staatshoheit an sich zustehe, sondern, daß er materielles Recht schaffe, also derjenigen Behörde, die die Bestimmung auszuführen hat, die Verpflichtung auferlegt, die Ermäßigung der Steuer eintreten zu lassen, wenn nach ihrem pflichtmäßigen Ermessen die Voraussetzungen des § 40 vorliegen. Es wäre also eine actio ex aequo et bono, ein Billigkeitsanspruch, aber immerhin ein gesetzlicher Anspruch des Steuerpflichtigen geschaffen. Er bat, daß durch Erklärungen festgestellt wird, dieser Charakter der Bestimmung komme klarer zum Ausdruck und ihre Durchführung wäre besser gewährleistet, wenn ihre Durchführung nicht dem Bundesrat, sondern einer besonderen Stelle übertragen werde. An sich liege es nahe, wie in der ersten Lesung, dazu den Reichsfinanzhof zu bestimmen. Er sei indessen auch bereit, den Bedenken Rechnung zu tragen, die dagegen geltend gemacht würden, den höchsten Gerichtshof mit der Durchführung dieses Billigkeitsanspruches zu belasten. Deshalb stelle er zur Erwägung, ob nicht durch eine gesetzliche Bestimmung als besondere Behörde ein Ausschuß des Bundesrates geschaffen werde, dessen Mitglieder nicht nach Instruktion, sondern nach eigenem richterlichen Ermessen entscheiden. Regierungsseitig wurde erklärt: Man trete dem Vorredner in der Begriffsbestimmung bei, daß es sich nicht um einen Gnadenakt, sondern um einen Rechtsanspruch aus Billigkeitsgründen handle. Man gebe weiter zu, daß, wenn man die rechtliche Konstruktion handhabe, man dazu komme, die Entscheidung in die Hände des Reichsfinanzhofes zu legen. Aber praktische Gründe sprechen dafür, die Entscheidung dem Bundesrat zu überlassen.

²) Ist nach Ansicht des Besitzsteueramts die Anwendung des § 40 des Gesetzes gerechtfertigt, so kann das Besitzsteueramt die Erhebung des entsprechenden Abgabebetrags vorläufig aussetzen und dem Abgabepflichtigen anheimstellen, binnen einem Monat eine abweichende Berechnung des Mehreinkommens oder des Mehrgewinns beim Bundesrate zu beantragen. Derartige Anträge sind beim Besitzsteueramt anzubringen und mit einer Darstellung des Sachverhalts sowie mit einer gutachtlichen Äußerung der Oberbehörde durch Vermittlung der obersten Landesfinanzbehörde dem Bundesrate vorzulegen.

Schlußvorschriften.

§ 41. Die Bundesstaaten erhalten für die Veranlagung und Erhebung der Abgabe eine Entschädigung von 1 vom Hundert ihrer Roheinnahme.

§ 42. Im Falle einer zu niedrigen Veranlagung zur Kriegssteuer auf Grund dieses Gesetzes kann mit Genehmigung der obersten Landesfinanzbehörde innerhalb zweier Jahre eine Neuveranlagung auch dann erfolgen, wenn die Voraussetzungen im § 73 Satz 2 des Besitzsteuergesetzes vom 3. Juli 1913 nicht vorliegen. Das gleiche gilt für die nach dem Kriegssteuergesetze vom 21. Juni/17. Dezember 1916 zu veranlagende Kriegssteuer der Einzelpersonen und Gesellschaften[1]).

[1]) Der § 42 führte in den Reichstags-Ausschußverhandlungen zu heftigen Erörterungen. Man war der Ansicht, er würde allen Grundsätzen über die Rechtskraft einer Entscheidung zuwiderlaufen und eine unerträgliche Unsicherheit und Unruhe bei den Steuerpflichtigen hervorrufen. Von den Vertretern der verbündeten Regierungen wurde dagegen darauf hingewiesen, daß die Rechtskraft der Entscheidung, abgesehen vom Wehrbeitrag, Besitz- und Kriegssteuer, der Nachforderung zu wenig bezahlter Steuer bei allen anderen Reichssteuern nicht entgegenstehe. Aber auch für die direkten Reichssteuern werde das Prinzip nicht gänzlich preisgegeben, da ja der § 73 Satz 2 des Besitzsteuergesetzes an sich aufrecht erhalten bleibe. Lediglich für die **Kriegssteuer** mit Rücksicht auf ihre Eigenart, die in der Veranlassung und der Höhe der Abgabe begründet sei, und in Anbetracht der schwierigen Verhältnisse, unter denen die Veranlagung vorgenommen werden mußte, soll die Beschränkung des § 73 Satz 2 des Besitzsteuergesetzes fallen. Das liege aber im dringendsten Interesse des Reichsfiskus wie im Interesse der steuerlichen Gerechtigkeit. Schließlich wurde ein Vermittlungsantrag gestellt, im Satz 1 hinter „kann" einzuschalten: „mit Genehmigung der obersten Landesfinanzbehörde innerhalb zweier Jahre". Mit dieser Änderung wurde der § 42 angenommen.

§ 43. Die Vorschrift im § 54 Satz 2 des Wehrbeitragsgesetzes und im § 73 Satz 2 des Besitzsteuergesetzes gibt dem Steuerpflichtigen keinen Rechtsanspruch auf eine Neuveranlagung des Wehrbeitrags oder der Besitzsteuer (§§ 20, 21 des Besitzsteuergesetzes). Als Entrichtung des gefährdeten Wehrbeitrags (§ 59 des Wehrbeitraggesetzes) oder der gefährdeten Besitzsteuer (§ 79 des Besitzsteuergesetzes) gilt auch die Entrichtung des gleich hohen oder höheren Betrags, der infolge der Zugrundelegung des niedrigeren Anfangsvermögens bei der späteren Besitz- oder Kriegssteuerveranlagung zu zahlen ist.

§ 44. Die Ausführungsbestimmungen zu diesem Gesetz erläßt der Bundesrat.

Urkundlich unter Unserer Höchsteigenhändigen Unterschrift und beigedrucktem Kaiserlichen Insiegel.

Gegeben Großes Hauptquartier,
den 26. Juli 1918.

(Siegel.) Wilhelm

Dr. Graf von Hertling.

Gesetz zur Änderung des Reichsstempelgesetzes.

Vom 26. Juli 1918 (RGBl. 799).

Vorbemerkungen.

Die Neuerungen auf dem Gebiete des Reichsstempelwesens sind vorgeschlagen, um den Vermögungsbesitz durch eine schärfere steuerliche Erfassung der Verkehrsakte, die der Kapitalanlage und dem Kapitalumsatz dienen, entsprechend zu den Reichslasten heranzuziehen. Durch die Änderungen der Reichsstempelgesetzgebung werden der Emissionsstempel (Gründungsstempel bzw. Einbringungsstempel) für Aktien und Gesellschaften mit beschränkter Haftung, Kuxe und Auslandsaktien sowie Schuld- und Rentenverschreibungen berührt, ferner die Zinsbogensteuer (Talonsteuer), der Schlußnotenstempel für Effekten und die Tantiemesteuer. Ferner ist noch vorgesehen eine Besteuerung der Geldumsätze im bankmäßigen Geldbeschaffungs- und Darlehnsverkehr.

Die Erträge des Schlußnotenstempels waren bisher nur geringfügig. Mehr Erträge aus dem Schlußnotenstempel können, wie die amtliche Begründung betont, nur bei einer Differenzierung der einzelnen Geschäfte erzielt werden, da, wenn solche nicht gemacht werden, sich die Bemessung des Steuersatzes nach dem Geschäfte mit geringstem Kursgewinn richten müßte. Das Gesetz hat davon abgesehen, zwischen Geschäften mit spekulativem und nichtspekulativem Charakter im einzelnen zu unterscheiden, weil diese Unterscheidung undurchführbar wäre, auch will man den Handel mit Wertpapieren, der seine Gewinnaussichten im allgemeinen weniger durch Ausnutzung sprunghafter Kursunterschiede als durch die Häufigkeit der Umsätze findet, nicht allzu scharf treffen, weil nur er die Schaffung eines festen und deshalb unentbehrlichen Marktes für Wertpapiere ermöglicht. Statt dessen unterscheidet das Gesetz bei der Bemessung der Steuersätze zwischen den gewerbsmäßigen Geschäften und denen der Effektenhändler einerseits und den Geschäften des Publikums anderseits. Die Geschäfte des Effektenhandels, d. h. der Personen, die Bank- oder Bankiergeschäfte betreiben oder zu den regelmäßigen Besuchern der Börse gehören, sollen je nach der Art der Wertpapiere nur mit einem geringeren Betrage als den vom Publikum zu entrichtenden Stempelgebühren herangezogen werden.

Für an der Börse nicht zugelassene Dividendenpapiere sollte sich nach dem Regierungsentwurf der Tarifsatz auf das Doppelte erhöhen. Doch ist diese Bestimmung in den Ausschußverhandlungen zu Fall gekommen. Besonders bemerkenswert ist die Aufhebung der Befreiung der Reichs- und Staatsanleihen vom Effektenumsatzstempel. Diese Maßregel wird von der Regierung damit begründet, daß die Befreiung dieser Werte vom Schlußnotenstempel den erhofften Erfolg der Hebung des Kurses weder gebracht habe noch bringen werde, während anderseits das Reich auf eine Einnahme aus den Reichsanleihen, die jetzt und für die nächsten Jahre auf dem Wertpapiermarkt eine beherrschende Stellung einnehmen werden, nicht verzichten könne.

Was den Gründungsstempel anlangt, so soll der Gesellschaftsstempel für die Errichtung von Aktien- und Kommanditgesellschaften und für die Erhöhung ihres Grundkapitals heraufgesetzt werden. Bei Kapitalerhöhungen nach voraufgegangener Sanierung soll eine Ermäßigung des Steuersatzes insoweit eintreten, als der Betrag der Kapitalserhöhung den zur Beseitigung oder Verhütung der Unterbilanz erforderlichen Betrag der Kapitalherabsetzung nicht übersteigt. Da die kleinen Gesellschaften m. b. H. den Stempel von 3 v. H. bereits als sehr hoch empfanden, so hat das Gesetz von einer Erhöhung dieses Stempels abgesehen, dagegen bei den großen Gesellschaften mit beschränkter Haftung und solchen mit mehr als 3000000 Mark Kapital den Stempel auf 5 v. H. erhöht, aber auch hier Ermäßigungen für notleidende Gesellschaften vorgesehen. Bei Grundstücks-Verwertungsgesellschaften m. b. H. ist der Stempel von 5 auf 7 v. H. gesetzt worden. Ausländische Aktien unterliegen, da eine Verstempelung des Gründungsvorgangs der Gesellschaft nicht in Betracht kommt, wie bisher einem Stempel, sobald sie im Inlande veräußert oder verpfändet werden oder im Inland andere Geschäfte damit gemacht werden. Kuxe und Einzahlungen auf Kuxe unterliegen einer Abgabe vom Nennwert der Urkunde bzw. vom Betrage der Einzahlung.

Eine wesentliche Neuerung des Gesetzes ist die Besteuerung der Geldumsätze. Umsatzsteuern, durch die eine Vermögensanlage getroffen wird, kennt die Reichsstempelgesetzgebung schon jetzt in der Grundwechselabgabe, im Effektenumsatzstempel und im Warenumsatzstempel. In gewissem Sinne kann auch der Versicherungsstempel hierher gerechnet werden, daher lag kein Grund vor, warum nicht auch die Geldanlage, sei es auf kurze oder lange Frist, sofern durch sie Gewinn erzielt wird, in gleicher Weise einer Besteuerung unterworfen werden sollte. Diese Besteuerung ist nunmehr durch Ziffer IX des Gesetzes (Geldumsatz) erfolgt.

Den Hauptanwendungsfall bilden die von den Bankanstalten im Depositen- und Kontokorrentverkehr oder unter einem sonstigen Titel hereingenommenen Gelder, doch lassen sich, wenn die neue Abgabe die von ihr erwarteten Erträge nicht bringen sollte, auch die im Geschäftsbetriebe der Genossenschaften und der Sparkassen hereingenommenen Gelder von der Besteuerung nicht ausnehmen. Bezüglich letzterer ist allerdings der Entwurf der Regierung nicht durchgegangen. Das Gesetz hat in Artikel 23 die Abgabepflicht ganz allgemein allen Personen auferlegt, die im Inland der Anschaffung und Darleihung von Geld dienende Geschäfte betreiben.

Unerläßliche Grundlage für die Veranlagung der neuen Abgabe ist die Feststellung der Dauer der Geldanlage, und eben darum läßt sich die Abgabe nicht an den Rechtsvorgang der Einzahlung oder Gutschrift des einzelnen Einlagepostens anknüpfen, da zu diesem Zeitpunkt die Dauer der Geldanlage regelmäßig nicht feststeht. Es erschien überhaupt, wie sich dies auch beim Warenumsatzstempel als praktisch erwiesen hat, im Interesse einer Vereinfachung der Erhebung der Abgabe erwünscht, diese auf Grund von Gesamtaufstellungen der zur Entrichtung der Abgabe verpflichteten Personen vorzunehmen. Als solche Aufstellungen können aber nur entweder der Ausweis über den Bestand der hereingenommenen fremden Gelder gezahlten Zinsen dienen. Das erstere könnte mit Rücksicht darauf empfehlenswert erscheinen, daß der eigentliche Grund der Besteuerung die auf Erzielung von Gewinn gerichtete Hereinnahme von fremden Geldern ist und die lediglich an den Depositenbestand anknüpfende Abgabenberechnung den kleinen Bankier, der für die hereingenommenen Gelder unter Umständen höhere Zinsen aufwenden muß, nicht härter trifft als die große Bankanstalt, die die fremden Gelder um einen geringeren Zinssatz an sich ziehen kann. Allein, wenn die Dauer der Geldanlagen hierbei auch nur einigermaßen berücksichtigt werden soll, müßten die Aufstellungen über den Bestand an fremden Geldern über regelmäßige, sehr kurz bemessene Zeiträume angefertigt werden, und dies würde ohne unverhältnismäßigen Arbeits- und Zeitaufwand nicht ausführbar sein, auch scheint die Gefahr nicht ausgeschlossen, daß bei einer solchen Veranlagung der Steuer der Versuch, durch Buchungsverschiebungen den wahren Bestand zur Vermeidung der Steuer zu verschleiern, mit Erfolg unternommen werden könnte. Das Gesetz hat daher den anderen Weg beschritten und den Gesamtbetrag der von den Abgabepflichtigen (Bank) innerhalb des Geschäftsjahrs für die fremden Gelder **zugunsten des Einlegers berechneten Zinsen**

(Habenzinsen) zur Grundlage der Steuerberechnung genommen. (Es handelt sich, wie ausdrücklich hervorzuheben ist, dabei nur um eine besondere Form der Steuererhebung bei der Bank, nicht darum, den Zinsenbezug des Einlegers an der Quelle steuerlich zu erfassen.) Die Anknüpfung an den Jahresbetrag der berechneten Habenzinsen ist gewählt, weil sie in ihm die Dauer aller einzelnen unter ihm begriffenen Geldanlagen genau ausdrückt. Die gewählte Berechnungsweise birgt auf der anderen Seite allerdings den Nachteil in sich, daß sie den Geldnehmer, der höhere Habenzinsen als der andere zahlen muß, an sich ungünstiger stellt. Allein das Gesetz sieht gleichzeitig vor, daß mit der steigenden Höhe des Jahresbetrags der Habenzinsen auch der Steuersatz steigt, und hierin liegt ein mehr als ausreichender Ausgleich für jenen Nachteil, da hiernach die großen Geldinstitute, die in der Lage sind, die fremden Gelder um einen verhältnismäßig niedrigeren Zinssatz zu erhalten, von dem Gesamtbetrage der von ihnen gezahlten Habenzinsen einen höheren Abgabensatz entrichten müssen.

Obwohl nicht unmittelbar in den Rahmen der die Kapitalanlage und den Kapitalumsatz treffenden Stempelabgaben gehörig, ist auch die Tantiemensteuer (Tarifnummer 9) bei ihrem engen Zusammenhange mit der Besteuerung der das Gesellschaftsrecht betreffenden Verkehrsakte erneut aufgegriffen worden. Das bisherige Gesetz hatte die Aufstellung der Gesellschaften über die an die Aufsichtsratsmitglieder gezahlten Vergütungen auf 8 v. H. der Gesamtsumme der Vergütungen bemessen. Die Bezüge der Aufsichtsratstantiemen haben aber, wie die amtliche Begründung ausführt, längst eine Entwicklung genommen, bei der die Höhe der Vergütungen meist nicht mehr oder nicht mehr ausschließlich ihren Grund in der Abgeltung der bei der Überwachung der Gesellschaft von dem Mitglied entwickelten Geschäftstätigkeit hat. Deshalb glaubte man hier eine sehr erhebliche Steigerung des Steuersatzes eintreten lassen zu dürfen.

Wir Wilhelm, von Gottes Gnaden Deutscher Kaiser, König von Preußen usw.
verordnen im Namen des Reichs, nach erfolgter Zustimmung des Bundesrats und des Reichstags, was folgt:

Art. 1. 1. An die Stelle der Nr. 1 unter **A a** bis **c** des Tarifs zum Reichsstempelgesetze vom 3. Juli 1913 (Reichs-Gesetzbl. S. 639) treten folgende Vorschriften:

1	2	3				4
Nr.	Gegenstand der Besteuerung	Steuersatz				Berechnung der Stempelabgabe
		vom Hundert	vom Tausend	Mark	Pfennig	
	A. Gesellschaftsverträge[1]).					
1	Beurkundungen von Gesellschaftsverträgen und von Gesellschaftsbeschlüssen, wenn sie betreffen:					

[1]) Beim Gesellschaftsstempel ist die für die Errichtung von **Aktiengesellschaften** und **Kommanditgesellschaften auf Aktien** und für die **Erhöhung des Grundkapitals** bei solchen Gesellschaften bestehende Stempelabgabe (Tarifnummer 1 A unter a) von 4½ v. H. auf 5 v. H. erhöht und im Zusatz 4 zur Tarifnummer 1 A a, b sowie in Artikel 10 gleichzeitig Vorsorge gegen Versuche zur Umgehung der Abgabe getroffen worden. Noch höher mit dem Steuersatze zu gehen, erschien nicht angängig, da es vermieden werden mußte, beim Wiederaufbau unseres Wirtschaftslebens nach dem Kriege der Bildung und Stärkung unserer Wirtschaftsorganismen steuerliche Hemmnisse zu bereiten.

1	2	3				4
Nr.	Gegenstand der Besteuerung	Steuersatz				Berechnung der Stempelabgabe
		vom Hundert	vom Tausend	Mark	Pfennig	
(1)	a) die Errichtung von inländischen Aktiengesellschaften oder Kommanditgesellschaften auf Aktien sowie die Erhöhung des Grundkapitals solcher Gesellschaften	5	—	—	—	des Grundkapitals oder des Betrags der Erhöhung dieses Kapitals zuzüglich des Betrags, um den der Nennwert der das Grundkapital oder die Kapitalerhöhung bildenden Aktien durch den Betrag überschritten wird, für welchen sie von den ersten Erwerbern (Gründern, Aktionären, Übernahmekonsortien usw.) übernommen werden. Sind die Aktien nicht gegen Barzahlung übernommen, so tritt an Stelle des bezeichneten Wertes der Gesamtwert der Gegenleistungen (Sacheinlagen).
	Wird das Grundkapital in unmittelbarem Zusammenhange mit einer der Beseitigung oder Verhütung einer Unterbilanz dienenden Her-					

1	2	3				4
		Steuersatz				
Nr.	Gegenstand der Besteuerung	vom Hundert	vom Tausend	Mark	Pfennig	Berechnung der Stempelabgabe
(1)	absetzung des Grundkapitals erhöht, so wird die Abgabe insoweit, als der Ausgabebetrag der neuen Aktien den zur Beseitigung oder Verhütung der Unterbilanz erforderlichen Betrag der Kapitalherabsetzung nicht übersteigt, nur mit 3 vom Hundert erhoben[1]).					

[1]) Der Entwurf hat es in Würdigung der durch den Krieg geschaffenen wirtschaftlichen Lage als geboten angesehen, für die Fälle, in denen eine Kapitalerhöhung in Verbindung mit einer voraufgegangenen Kapitalherabsetzung zur Sanierung einer notleidenden Gesellschaft vorgenommen wird, eine Ermäßigung des Steuersatzes insoweit eintreten zu lassen, als der Betrag der Kapitalerhöhung den zur Beseitigung oder Verhütung der Unterbilanz erforderlichen Betrag der Kapitalherabsetzung nicht übersteigt. In der Ermäßigungsvorschrift (Abs. 2 der Vorschrift unter a) ist neben dem Falle der Beseitigung auch der Fall der Verhütung einer Unterbilanz aufgeführt, da es häufig vorkommen kann, daß sich die Notwendigkeit der Kapitalherabsetzung erst nach der letzten Bilanzziehung herausstellt, mithin eine Unterbilanz im Zeitpunkte der Beschlußfassung über die Herabsetzung und Erhöhung des Grundkapitals förmlich noch nicht vorhanden ist und auch erst anläßlich des nächsten Jahresabschlusses ausgewiesen werden

1	2	3				4
Nr.	Gegenstand der Besteuerung	Steuersatz				Berechnung der Stempelabgabe
		vom Hundert	vom Tausend	Mark	Pfennig	
(1)	b) die Errichtung von Gesellschaften mit beschränkter Haftung sowie die Erhöhung des Stammkapitals und die Einforderung von Nachschüssen bei solchen Gesellschaften, wenn das steuerpflichtige Kapital (Spalte 4) beträgt[1])					

könnte. Es wird sich dann um die Vornahme außerordentlicher Abschreibungen handeln, die, wenn sie in der Jahresbilanz vorgenommen würden, eine Unterbilanz ohne weiteres zur Folge hätten. Wird das Grundkapital, wie nicht selten geschieht, sei es aus technischen Gründen (Zusammenlegung der Aktien in einem bestimmten Verhältnis) oder um dem Unternehmen durch die gleichzeitige Kapitalerhöhung über den Betrag der Unterbilanz hinaus neue Mittel zuzuführen, auf einen Betrag herabgesetzt, der unter den Betrag der Unterbilanz noch heruntergeht, so ist hier ein Grund für die Stempelermäßigung nur insoweit gegeben, als die Kapitalerhöhung den Betrag der Unterbilanz nicht überschreitet.

[1]) Bei den Gesellschaften mit beschränkter Haftung (Tarifnummer 1 A unter b) ist für kleine derartige Unternehmungen die Stempelabgabe von 3 v. H. des Stammkapitals schon jetzt als hoch empfunden worden und man wird daher für diese den Stempelsatz nicht wohl noch weiter erhöhen können. In nicht geringem Umfang haben aber doch auch Unternehmungen

:	2	3				4
Nr.	Gegenstand der Besteuerung	Steuersatz				Berechnung der Stempelabgabe
		vom Hundert	vom Tausend	Mark	Pfennig	
(1)	nicht mehr als 50000 Mark	3	—	—	—	des Stammkapitals oder des Betrags der Erhöhung dieses Kapitals zuzüglich des Wertes der von den Gesellschaftern außer der Leistung der Stammeinlagen übernommenen Leistungen oder des Betrags der eingeforderten Nachschüsse. Werden die Geschäftsanteile nicht gegen Barzahlung übernommen, so tritt an die Stelle des vorbezeichneten Wertes der Gesamtwert der Gegenleistungen. Bei Erhöhungen des Stammkapitals berechnet sich die Abgabe nach demjenigen Steuersatze, welcher dem Betrage des bisherigen steuerpflichtigen Kapitals unter Hinzurechnung des Betrags der Erhöhung entspricht, auch wenn die vorausgegangenen Verträge vor dem 1. August 1918 beurkundet sind.
	mehr als 50000 Mark	5	—	—	—	
	Ergibt sich bei einer Kapitalerhöhung aus der Zusammenrechnung mit dem bisherigen steuerpflichti-					

die Form der Gesellschaft mit beschränkter Haftung gewählt, die bei dem Umfang des Unternehmens steuerlich günstiger zu behandeln als die Aktiengesellschaften kein rechter Grund vorliegt. Der Entwurf hat daher, indem er die Grenze für die

1	2	3				4
Nr.	Gegenstand der Besteuerung	Steuersatz				Berechnung der Stempelabgabe
		vom Hundert	vom Tausend	Mark	Pfennig	
(1)	gen Kapital die Anwendung des höheren Abgabensatzes, so ist insoweit, als letzteres nur zum niederen Abgabensatze versteuert war, der sich aus der Anwendung des höheren Satzes ergebende Abgabenbetrag nachzuentrichten. Die Nacherhebung der Stempelabgabe hat zu dem die Pflicht zur Nachentrichtung begründenden Vertrag oder Beschluß zu erfolgen. Vor dem 1. August 1918 beurkundete Verträge oder Beschlüsse bleiben					

Anwendung des bisherigen Steuersatzes von 3 v. H. bei 300000 *M* gezogen hat, für die über dieser Grenze liegenden Gesellschaften den Steuersatz auf 5 v. H. erhöht und nimmt im übrigen für die Bestimmung der Steuerstufe und die Berechnung der Abgabe das Stammkapital und den Betrag der Erhöhungen oder Nachschüsse zuzüglich des Wertes der von den Gesellschaftern außer der Leistung der Stammeinlagen übernommenen Leistungen zur Grundlage. Eine Ermäßigung ist auch hier für notleidende Gesellschaften vorgesehen.

1	2	3				4
Nr.	Gegenstand der Besteuerung	Steuersatz				Berechnung der Stempelabgabe
		vom Hundert	vom Tausend	Mark	Pfennig	
(1)	für die Nacherhebung außer Betracht[1]). Soweit die Erhöhung des Stammkapitals oder die Einforderung von Nachschüssen zur Deckung eines Verlustes am Stammkapital (Beseitigung oder Verhütung einer Unterbilanz) erforderlich ist, unterliegen die					

[1]) Die Vorschrift des Abs. 2 der Gegenstandsspalte der Tarifvorschrift ist aufgenommen, um zu verhüten, daß die Gesellschaft mit einem unter der Grenze der oberen Steuerstufe zurückbleibenden Stammkapital gegründet, unmittelbar nach der Gründung aber, entsprechend einer schon vorher bestehenden Absicht, das Stammkapital auf einen die Grenze der unteren Steuerstufe übersteigenden Betrag erhöht wird. Durch ein solches Verfahren würde zwar nicht die Erhöhung, wohl aber der Betrag des ursprünglichen Stammkapitals dem höheren Steuersatze entzogen werden. Die Vorschrift lediglich auf den Fall eines Steuerumgehungsversuchs zu beschränken, erscheint nicht tunlich. Soweit das Kapital der Gesellschaft auf Grund von Verträgen zugeflossen ist, die vor dem 1. August 1918 beurkundet waren, ist es zwar für die Bemessung des Steuersatzes mit dem Betrage der nach dem bezeichneten Zeitpunkte vorgenommenen Kapitalerhöhung zusammenzurechnen unterliegt selbst aber nicht der Nachversteuerung.

1	2	3				4
		Steuersatz				
Nr.	Gegenstand der Besteuerung	vom Hundert	vom Tausend	Mark	Pfennig	Berechnung der Stempelabgabe
(1)	Kapitalerhöhung und die Einforderung der Nachschüsse nur einem Steuersatze von 1 vom Hundert[1]).					
	Erhöhung:					
	Für Gesellschaften mit beschränkter Haftung, die nach dem Inhalt des Gesellschaftsvertrags oder auch nur tatsächlich den Erwerb oder die Verwertung von inländischen Grundstücken betreiben, erhöht sich die Abgabe ohne Rücksicht auf die Höhe des Stammkapitals auf[2]).	7	—	—	—	des vorstehend bezeichneten Betrags.
	Tritt die Voraussetzung nachträglich ein,					

[1]) Durch Abs. 3 ist der Sanierung notleidender Gesellschaften Rechnung zu tragen.

[2]) Die Erhöhung des Steuersatzes ließ es gerechtfertigt erscheinen, auch bei den Grundstücksverwertungsgesellschaften, die bisher einem Stempel von 5 v. H. unterlagen, die Abgabe auf 7 v. H. zu erhöhen. Die Ermäßigung für Handwerkerbaugenossenschaften ist im wesentlichen beibehalten.

1	2	3				4
Nr.	Gegenstand der Besteuerung	Steuersatz				Berechnung der Stempelabgabe
		vom Hundert	vom Tausend	Mark	Pfennig	
(1)	so ist der Stempelmehrbetrag, der sich aus der Anwendung des höheren Steuersatzes ergibt, nachzuerheben. Die Stempelabgabe von 7 vom Hundert ermäßigt sich auf 3 vom Hundert für Handwerkerbaugesellschaften, die satzungsgemäß und tatsächlich Grundstücke erwerben, um eine Bebauung durch die Gesellschafter ausführen zu lassen oder um durch die Weiterführung eines bereits begonnenen Baues die Forderungen aus Lieferungen oder Arbeiten für den Bau zu sichern[1]). Zusätze zu a, b: 1. Den Aktiengesellschaften im Sinne dieser Vorschriften stehen					

[1]) Vgl. Anm. 2 auf voriger Seite.

1	2	3				4
Nr.	Gegenstand der Besteuerung	Steuersatz				Berechnung der Stempelabgabe
		vom Hundert	vom Tausend	Mark	Pfennig	
(1)	die Reichsbank sowie die deutschen Kolonialgesellschaften und die ihnen gleichgestellten deutschen Gesellschaften mit der Maßgabe gleich, daß der Steuersatz für sie 3 vom Hundert beträgt[1]). Die gleiche Steuerermäßigung kann durch den Bundesrat solchen deutschen Aktiengesellschaften und Gesellschaften mit beschränkter Haftung zugebilligt werden, welche ein Unternehmen der im § 11 Abs. 1 des Schutzgebietsgesetzes vom 10. September 1900 (Reichs-Gesetzbl. S.					

[1]) Der Erhöhung der Stempelabgabe bei Aktiengesellschaften um ½ v. H. entspricht es, daß die Abgabe auch für die Reichsbank und die Kolonialgesellschaften, die bisher nur 3 v. H. zu zahlen hatten, auf 3½ v. H. erhöht wird (Zusatz 1 zu Tarifnummer 1 A a, b).

1	2	3				4
Nr.	Gegenstand der Besteuerung	Steuersatz				Berechnung der Stempelabgabe
		vom Hundert	vom Tausend	Mark	Pfennig	
(1)	812) bezeichneten Art in einem deutschen Schutzgebiet oder in dem Hinterland eines deutschen Schutzgebiets oder in sonstigen einem deutschen Schutzgebiete benachbarten Bezirken zum Gegenstande haben. 2. Wird das Kapital oder der Betrag der Nachschüsse nicht sofort voll eingezahlt, so ist auf Antrag Aussetzung der Versteuerung in der Weise zu gewähren, daß bei jeder Einzahlung der darauf verhältnismäßig entfallende Teil der Abgabe entrichtet wird. 3. Die Vorschriften zu a, b finden auch Anwendung auf im Ausland geschlossene Gesellschaftsverträge, welche die Errichtung gleicher oder ähnlicher Gesellschaften zum Gegenstande haben, sofern					

1	2	3				4
		Steuersatz				
Nr.	Gegenstand der Besteuerung	vom Hundert	vom Tausend	Mark	Pfennig	Berechnung der Stempelabgabe
(1)	die Gesellschaften ihren Sitz im Inland nehmen oder im Inland eine Zweigniederlassung errichten. Dasselbe gilt bei Erhöhungen des Grund- oder Stammkapitals und bei der Einforderung von Nachschüssen. Im Falle der Errichtung einer Zweigniederlassung berechnet sich die Abgabe nach dem Werte des Anlage- und Betriebskapitals der inländischen Zweigniederlassung. Im Falle der Erhöhung des Grund- oder Stammkapitals und der Einforderung von Nachschüssen berechnet sich die Abgabe nach demjenigen Betrage, der zu dem Betrage der Erhöhung des Kapitals in demselben Verhältnis steht wie der Wert des in-					

1	2	3				4
Nr.	Gegenstand der Besteuerung	Steuersatz vom Hundert	vom Tausend	Mark	Pfennig	Berechnung der Stempelabgabe
(1)	ländischen Anlage- und Betriebskapitals zu dem Werte des gesamten Anlage- und Betriebskapitals. Die Abgabe wird nur erhoben, wenn die Eintragung in das Handelsregister erfolgt ist. 4. Die Abgabe ist auch zu erheben, wenn ein Gesellschafter oder eine Gesellschaft, an der er als Gesellschafter beteiligt ist, Gegenstände unentgeltlich auf die Gesellschaft überträgt, ihr Schulden erläßt oder ihr Gegenstände zu einem hinter dem Werte zurückbleibenden Preise veräußert, oder wenn der Gesellschaft bei der Umwandlung von Stammaktien in Vorzugsaktien weiteres Kapital zugeführt wird. Die Abgabe ist von dem Werte der Leistung oder, sofern					

1	2	3				4
		Steuersatz				
Nr.	Gegenstand der Besteuerung	vom Hundert	vom Tausend	Mark	Pfennig	Berechnung der Stempelabgabe
(1)	ein Entgelt gewährt ist, von dem Betrage zu entrichten, um den der Wert das Entgelt übersteigt, im Falle der Umwandlung von Stammaktien in Vorzugsaktien vom Betrage des zugeführten Kapitals. Werden einer Aktiengesellschaft eigene Aktien, einer Gesellschaft mit beschränkter Haftung eigene Geschäftsanteile oder einer dieser Gesellschaften eigene Genußscheine übertragen, so wird die Abgabe erst bei der Wiederveräußerung durch die Gesellschaft erhoben, und zwar von dem erzielten Preise[1]).					

[1]) Zu Zusatz 4 zu Tarifnummer 1 A a, b. Es haben sich die Fälle gehäuft, in denen Gesellschaften zur Vermeidung des Stempels ohne Ausgabe neuer Aktien sich dadurch neue Betriebsmittel zugeführt haben, daß die Aktionäre veranlaßt worden sind, einen Teil ihres Aktienbesitzes der Gesellschaft

1	2	3				4
Nr.	Gegenstand der Besteuerung	Steuersatz				Berechnung der Stempelabgabe
		vom Hundert	vom Tausend	Mark	Pfennig	
(1)	5. Die Erhebung der Abgabe von Nachschüssen sowie in den Fällen des Zusatzes 4 ist von					

unentgeltlich zur freien Verfügung und Weiterveräußerung zu übertragen. Diese Maßnahmen sind auch nicht etwa auf den Fall der Sanierung des Unternehmens beschränkt geblieben. Auch bei der Begründung von Aktiengesellschaften sind ähnliche Umgehungen der Stempelabgabe mit Erfolg durchgeführt worden. So läßt sich bei Sachgründungen, bei denen die Gründer den Nennwert der Aktien weit übersteigende Sacheinlagen machen, die Stempelabgabe von dem den Nennwert übersteigenden Ausgabebetrag dadurch ersparen, daß die Gründer im Gesellschaftsvertrage in Höhe dieses Betrages zu ihren Gunsten eine Forderung, z. B. den Bezug einer Rente, sich ausbedingen, die sie dann später der Gesellschaft erlassen. Auch kommen Kapitalvermehrungen in der Weise vor, daß die bisherigen Stammaktien gegen Einzahlung eines Nachschusses in Vorzugsaktien umgewandelt werden. Auch hier konnte die Kapitalvermehrung bisher stempelrechtlich nicht erfaßt werden. Umgehungen dieser und ähnlicher Art vorzubeugen, ist der Zusatz 4 bestimmt. Die Umgehungsakte der bezeichneten Art sollen danach der Steuer für Gesellschaftsverträge, und zwar auch dann unterliegen, wenn es sich bei den in Betracht kommenden Rechtsvorgängen selbst nicht um Gesellschaftsverträge handelt. In dem zuerst erwähnten Beispiel erscheint es aber billig, die Abgabepflicht erst dann eintreten zu lassen, wenn die Gesellschaft die ihr übertragenen Aktien, Geschäftsanteile oder Genußscheine weiterveräußert.

1	2	3				4
Nr.	Gegenstand der Besteuerung	Steuersatz				Berechnung der Stempelabgabe
		vom Hundert	vom Tausend	Mark	Pfennig	
(1)	dem Vorhandensein einer Urkunde nicht abhängig[1]). c) die Errichtung von 1. offenen Handelsgesellschaften und Kommanditgesellschaften, von Gesellschaften des bürgerlichen Rechtes, sofern diese Gesellschaften Erwerbszwecke verfolgen	4/10	—	—	—	des Wertes der das Gesellschaftsvermögen bildenden Einlagen
	mindestens aber ...	—	—	20	—	
	im Genossenschaftsregister eingetragenen Erwerbs- und Wirt-					

Im übrigen sind unter den der Gesellschaft unentgeltlich übertragenen „Gegenständen" wirtschaftliche Werte jeder Art, auch Geld, verstanden.

[1]) Zu Zusatz 5 der Tarifnummer 1 A a, b. Die Beurkundung eines Gesellschaftsbeschlusses über die Einforderung von Nachschüssen in eine Gesellschaft m. b. H. ist gesetzlich nicht vorgeschrieben und wird infolgedessen häufig unterlassen. Mangels Beurkundung war es bisher nicht möglich, die Einforderung solcher Nachschüsse steuerlich zu erfassen. Nach dem neuen Zusatz soll ebenso wie in Fällen des Zusatzes 4 die Steuerpflicht nicht vom Vorhandensein einer Urkunde abhängig sein. Über den Eintritt der Steuerpflicht trifft Artikel 9 Ziff. 2 Anordnung.

1	2	3				4
		Steuersatz				
Nr.	Gegenstand der Besteuerung	vom Hundert	vom Tausend	Mark	Pfennig	Berechnung der Stempelabgabe
(1)	schaftsgenossenschaften, deren Geschäftsbetrieb über den Kreis dieser Mitglieder hinausgeht, ...	$^{1}/_{10}$	—	—	—	abzüglich der auf ihnen ruhenden Schulden,
	mindestens aber[1]) .	—	—	20	—	
	2. Gesellschaften des bürgerlichen Rechtes der unter 1 bezeichneten Art, welche lediglich					

[1]) Für die offenen Handelsgesellschaften, die Kommanditgesellschaften, die gewerbliche Zwecke verfolgenden Gesellschaften des bürgerlichen Rechts und die Genossenschaften, deren Geschäftsbetrieb über den Kreis ihrer Mitglieder hinausgeht, ist die bisherige niedrige Stempelabgabe von $^{1}/_{10}$ v. H. auf $^{4}/_{10}$ v. H. heraufgesetzt worden (Tarifnummer 1 A c). Auch ließ es die Erhöhung der Abgabe für Gesellschaften mit beschränkter Haftung im Hinblick auf den lebhaften Handel in Anteilen dieser Gesellschaften geboten erscheinen, die Abgabe der Tarifnummer 1 A e 1 von $^{2}/_{10}$ v. H. auf $^{5}/_{10}$ v. H. zu erhöhen, eine Maßnahme, die auch gegenüber der scharfen Anziehung der Steuersätze beim Schlußnotenstempel besonders gerechtfertigt erscheint.

In Tarifnummer 1 A c 1 und 3 ist zur Vermeidung von Zweifeln zum Ausdruck gebracht, daß nur Genossenschaften im Sinne des Gesetzes, betreffend die Erwerbs- und Wirtschaftsgenossenschaften (RGBl. 1898 S. 810), nicht aber Genossenschaften landesrechtlicher Art, wie Wasserbau-, Feld- und Waldgenossenschaften steuerpflichtig sein sollen.

1	2	3				4
Nr.	Gegenstand der Besteuerung	Steuersatz				Berechnung der Stempelabgabe
		vom Hundert	vom Tausend	Mark	Pfennig	
(1)	vorübergehende Zwecke verfolgen (Gelegenheitsgesellschaften)	—	—	10	—	
	3. Gesellschaften des bürgerlichen Rechtes, welche andere als Erwerbszwecke verfolgen, und von im Genossenschaftsregister eingetragenen Erwerbs- und Wirtschaftsgenossenschaften, deren Geschäftsbetrieb nicht über den Kreis ihrer Mitglieder hinausgeht	—	—	5	—	
	Zusätze zu c:					
	1. Den unter Ziffer 1 bis 3 aufgeführten Verträgen steht die erstmalige Feststellung der Satzung gleich.					
	2. Verträge über den Eintritt neuer Gesellschafter, Verträge oder Beschlüsse über die Erhöhung der Einlagen sowie die Erklärungen des Bei-					

1	2	3				4
Nr.	Gegenstand der Besteuerung	Steuersatz				Berechnung der Stempelabgabe
		vom Hundert	vom Tausend	Mark	Pfennig	
(1)	tritts zu einer Genossenschaft oder über die Beteiligung auf weitere Geschäftsanteile stehen in den Fällen der Tarifnummer 1 A c 1 den Verträgen über die Errichtung der Gesellschaft gleich. In den beiden letzten Fällen ist die Abgabe bei der Einreichung der Erklärung bei Gericht zu dem Antrag auf Eintragung in die Liste der Genossen zu entrichten[1]). Die Abgabe beträgt	4/10	—	—	—	des Wertes der Einlage des neuen Gesellschafters oder des Wertes, um den die Einlage erhöht wird, abzüglich der auf der Einlage ruhenden Schulden,
	bei Genossenschaften bei Erklärungen des Beitritts zu einer Ge-	1/10	—	—	—	

[1]) Tarifnummer 1 A c Zusatz 2 (bisher Anmerkung 3 zu Tarifnummer 1 A c) enthält außer einer lediglich der Klarstellung dienenden Fassungsänderung noch die Vorschrift, daß ebenso wie die Erklärung des Beitritts zu einer Genossenschaft auch die Erklärung über die Beteiligung auf weitere Geschäftsanteile den Verträgen über die Errichtung der Genossenschaft gleichstehen. Überdies ist zur Vermeidung von Härten der Mindestbetrag der Abgabe bei Erklärungen des

1	2	3				4
		Steuersatz				
Nr.	Gegenstand der Besteuerung	vom Hundert	vom Tausend	Mark	Pfennig	Berechnung der Stempelabgabe
(1)	nossenschaft oder über die Beteiligung auf weitere Geschäftsanteile mindestens	—	—	1	—	
	im übrigen mindestens	—	—	10	—	
	Wird eine Erhöhung der Einlagen zur Beseitigung oder Verhütung einer Unterbilanz vereinbart oder beschlossen, so ist der hierauf gerichtete Vertrag oder Beschluß von der vorstehend vorgeschriebenen Abgabe befreit.					
	3. Wird eine Urkunde über die Errichtung einer offenen Handelsgesellschaft oder einer Kommanditgesellschaft oder über den Eintritt eines neuen Gesellschafters in eine solche Gesell-					

Beitritts zu einer Genossenschaft oder über die Beteiligung auf weitere Geschäftsanteile von 10 *M* auf 1 *M* herabgesetzt worden.

1	2	3				4
Nr.	Gegenstand der Besteuerung	Steuersatz				Berechnung der Stempelabgabe
		vom Hundert	vom Tausend	Mark	Pfennig	
(1)	schaft nicht aufgenommen, so ist die Abgabe zu dem Antrag auf Eintragung der Firma oder des neuen Gesellschafters in das Handelsregister zu erheben. 4. Die Zusätze 2 und 3 zu a, b finden entsprechende Anwendung. Befreiungen[1]): Von der Stempelabgabe zu a, b, c befreit					

[1]) Zu den Vorschriften „Befreiungen" zu Tarifnummer 1 A a, b, c. In der Befreiung unter 1 soll entsprechend den veränderten Zinsverhältnissen die Gemeinnützigkeit der Gesellschaft oder Genossenschaft auch dann anerkannt werden können, wenn den Mitgliedern eine höchstens fünfprozentige (bisher vierprozentige) Verzinsung der Kapitaleinlagen zugesichert worden ist. Im übrigen ist aus Rücksichten auf die Geschäftsvereinfachung die Entschließung über das Vorliegen der Voraussetzungen für die Befreiung, die bisher beim Bundesrat stand, der obersten Landesfinanzbehörde im Einvernehmen mit dem Reichskanzler übertragen worden. — Die Voraussetzungen der Befreiung unter 2 sind etwas schärfer gefaßt worden, da die Befreiung in Fällen in Anspruch genommen worden ist, in denen die Beteiligung der öffentlichen Körper-

1	2	3				4
Nr.	Gegenstand der Besteuerung	Steuersatz				Berechnung der Stempelabgabe
		vom Hundert	vom Tausend	Mark	Pfennig	
(1)	sind inländische Gesellschaften und Genossenschaften, 1. wenn ihr Zweck ausschließlich gemeinnützig ist und wesentlich der Förderung der minderbemittelten Volksklassen dient, der Reingewinn satzungsmäßig auf eine höchstens fünfprozentige Verzinsung der Kapitaleinlagen beschränkt, auch bei Auslosungen, Ausscheiden eines Gesellschafters oder für den Fall der Auflösung der Gesellschaft nicht					

schaften an den Unternehmen eine verhältnismäßig so geringfügige war, daß dadurch eine Befreiung vom Stempel nicht gerechtfertigt erscheinen konnte. Anderseits kann es geboten erscheinen, die Befreiung auch anderen als inländischen Eisenbahnunternehmungen, insbesondere solchen in den Schutzgebieten, oder Kraftwagen- oder sonstigen Verkehrsunternehmungen unter den in der Befreiungsvorschrift vorgesehenen Voraussetzungen zuzugestehen. Satz 5 räumt daher dem Bundesrat eine entsprechende Befugnis ein.

1	2	3				4
Nr.	Gegenstand der Besteuerung	Steuersatz vom Hundert	vom Tausend	Mark	Pfennig	Berechnung der Stempelabgabe
(1)	mehr als der Nennwert des Anteils zugesichert und bei der Auflösung der etwaige Rest des Gesellschaftsvermögens für gemeinnützige Zwecke bestimmt ist. Die Entscheidung darüber, ob die vorbezeichneten Voraussetzungen vorliegen, erfolgt im Einverständnisse mit dem Reichskanzler durch die oberste Landesfinanzbehörde. Diese ist ermächtigt, im Einverständnisse mit dem Reichskanzler die Befreiung auch dann zu bewilligen, wenn die Gesellschaft satzungsmäßig eine höchstens sechsprozentige Verzinsung der Kapitaleinlagen gewährt. 2. wenn sie die Herstellung oder den Betrieb von inländischen Eisenbahnen unter					

1	2	3				4
		Steuersatz				
Nr.	Gegenstand der Besteuerung	vom Hundert	vom Tausend	Mark	Pfennig	Berechnung der Stempelabgabe
(1)	Beteiligung des Reichs, der Bundesstaaten, der Provinzen, Kreise oder Gemeinden zum Zwecke haben. Die Beteiligung muß eine Voraussetzung für das Zustandekommen des Eisenbahnunternehmens gebildet haben. Die Beteiligung der öffentlichen Körperschaften muß mindestens ein Viertel des Gesellschaftskapitals betragen, oder es müssen von ihnen unentgeltliche Zuwendungen in Höhe von mindestens ein Zehntel des Gesellschaftskapitals gemacht werden. Der Bundesrat ist ermächtigt, bei einer geringeren Beteiligung oder Zuwendung oder bei einer andersgearteten wirtschaftlichen Stärkung					

1	2	3				4
		Steuersatz				
Nr.	Gegenstand der Besteuerung	vom Hundert	vom Tausend	Mark	Pfennig	Berechnung der Stempelabgabe
(1)	des Unternehmens, insbesondere durch Zinsbürgschaft die Befreiung zuzugestehen. Er ist ferner ermächtigt, die Befreiung unter den gleichen Voraussetzungen auf andere Verkehrsunternehmungen sowie auf Siedelungsunternehmungen auszudehnen.					

2. Die Nr. 1 A e 1 des Tarifs zum Reichsstempelgesetz erhält folgende Fassung:

1	2	3				4
		Steuersatz				
Nr.	Gegenstand der Besteuerung	vom Hundert	vom Tausend	Mark	Pfennig	Berechnung der Stempelabgabe
(1)	e) die Überlassung 1. der Rechte an dem Vermögen einer Gesellschaft mit beschränkter Haftung					

1	2	3				
Nr.	Gegenstand der Besteuerung	Steuersatz				Berechnung der Stempelabgabe
		vom Hundert	vom Tausend	Mark	Pfennig	
(1)	seitens eines Gesellschafters oder dessen Erben an einen anderen Gesellschafter, die Gesellschaft oder einen Dritten	—	5	—	—	des Wertes der Gegenleistung oder, wenn eine solche in der Urkunde nicht enthalten ist, des Wertes der überlassenen Rechte
	mindestens aber ...	—	—	10	—	
	der Rechte an dem Gesellschaftsvermögen der unter c 1 bezeichneten Gesellschaften .	1/20	—	—	—	
	mindestens aber ...	—	—	3	—	
	Befreit sind: Verträge über die Überlassung von Rechten an dem Gesellschaftsvermögen an Personen, welche nach den Vorschriften des Erbschaftssteuergesetzes von der Zahlung der Erbschaftssteuer befreit sind.					

Art. 2. In Tarifnummer 1 unter A f werden am Schlusse der Befreiungsvorschrift die Worte „und eingetragene Genossenschaften, welche die Gewinnverteilung ausgeschlossen haben" gestrichen.

Die zur Streichung empfohlenen Worte in Tarifnummer 1 A f sind in der seinerzeit aus dem preußischen Stempelsteuergesetz übernommenen Tarifvorschrift infolge eines redaktionellen

Versehens stehen geblieben, obgleich die gemeinnützigen Genossenschaften im Reichsstempelgesetz bereits unter Tarifnummer 1 c fallen und hier ihre Befreiung von der Stempelabgabe schon durch die Befreiung 1 zu Tarifnummer 1 A a, b, c sichergestellt ist.

Art. 3. Tarifnummer 1 B und 1 C erhalten folgende Fassung:

1	2	3				4
		Steuersatz				
Nr.	Gegenstand der Besteuerung	vom Hundert	vom Tausend	Mark	Pfennig	Berechnung der Stempelabgabe
(1)	**B. Kuxe.** Anteilscheine gewerkschaftlich betriebener Bergwerke (Kuxe, Kuxscheine)	—	—	5	—	von jeder einzelnen Urkunde. Soweit eine Urkunde über mehrere Kuxe ausgestellt ist, wird die Abgabe so vielemale erhoben, als Einzelkuxe in der Urkunde verbrieft sind[1]).
	Außerdem für alle auf Werte der angegebenen Art ausgeschriebenen Einzahlungen, soweit solche nicht zur Deckung von Betriebsverlusten der Gewerkschaft dienen[2]) ..	5	—	—	—	vom Betrage der Einzahlung, und zwar in Abstufungen von 5 Mark für je 100 Mark oder einen Bruchteil dieses Betrags.
	Zur Entrichtung des Stempels für die Einzahlungen ist die Gewerkschaft verpflichtet,					

[1]) Neu ist die aus finanziellen Rücksichten gebotene Vorschrift im Abs. 2 der Berechnungsspalte, daß, soweit eine Urkunde über mehrere Kuxe ausgestellt ist, die Abgabe so viele Male erhoben wird, als Einzelkuxe in der Urkunde verbrieft sind.

[2]) Die im Jahre 1900 für auf Anteilscheine gewerkschaftlich betriebener Bergwerke (Kuxscheine) ausgeschriebenen Ein-

1	2	3				4
		Steuersatz				
Nr.	Gegenstand der Besteuerung	vom Hundert	vom Tausend	Mark	Pfennig	Berechnung der Stempelabgabe
(1)	und zwar spätestens zwei Wochen nach dem von der Gewerkschaftsvertretung festgesetzten Einzahlungstag oder, sofern die Zahlung zu diesem Zeitpunkt nicht eingegangen ist, spätestens zwei Wochen nach dem Eingang der Zahlung.					
	C. **Ausländische Aktien**[1]). Ausländische Aktien und Aktienanteilscheine, wenn					

zahlungen (Zubußen) eingeführte Abgabe von 3 v. H. des Betrags der Einzahlung (Tarifnummer 1 B) ist in der Reichsstempelnovelle vom 3. Juli 1913 trotz der Erhöhung der Abgabe für Aktien nicht erhöht worden, da die letztere Erhöhung lediglich auf einer Übernahme der Landesstempelabgaben auf das Reich beruhte und solche Landesstempelabgaben für ausgeschriebene Zubußen nicht bestanden. Nunmehr liegt kein Anlaß vor, die Berggewerkschaften weiterhin günstiger als die Aktiengesellschaften zu stellen. Der Abgabesatz ist daher auch hier auf 5 v. H. erhöht worden.

[1]) Auch bei den ausländischen Aktien hatte im Jahre 1913 der Stempel von 3 v. H. keine Erhöhung erfahren. Der Entwurf stellt die **ausländischen** Aktien wiederum wie früher den **inländischen** Aktien im **Steuersatze gleich**. Anders wie bei den ausländischen Staatsrenten und den ausländischen Kommunal-

und Eisenbahnobligationen liegt für ausländische Aktien ein volkswirtschaftlicher Grund für eine vorzugsweise steuerliche Behandlung vor den inländischen Papieren nicht vor, da das inländische Kapital nach dem Kriege zunächst dem Aufbau der inländischen Wirtschaft soviel als möglich zur Verfügung bleiben muß. Der Vorteil, der darin besteht, daß die Stempelabgabe von ausländischen Aktien, da sie kein Emissionsstempel sein kann, nicht wie bei den inländischen Aktien nach dem Ausgabewerte, sondern nur nach dem Nennwert erhoben werden kann, bleibt den ausländischen Aktien ohnehin noch. Die von inländischen Kapitalisten erworbenen ausländischen Aktien und sonstigen ausländischen Wertpapiere sind, zumal was erstere angeht, in beträchtlichen Mengen im Ausland belassen worden, zum Teil, weil die Papiere dort ihren Markt hatten, zum Teil aber ist die Hereinnahme ins Inland offenbar der Stempelabgabe wegen unterblieben. Durch diese Belassung der Papiere im Ausland ist dieser Teil des heimischen Kapitalbesitzes nicht nur, wie der Krieg gezeigt hat, gefährdet, er pflegt auch dauernd der inländischen Verfügung für die heimische Wirtschaft entzogen zu bleiben, da der Kapitalist bei anderweiter Anlegung seines Kapitals sich von seinem ausländischen Bankier beraten lassen wird. Es ist daher wiederholt und dringend der Wunsch laut geworden, für die im Ausland erworbenen ausländischen Papiere die Steuerpflicht nicht schon mit ihrer Einbringung, sondern erst dann eintreten zu lassen, wenn mit den Papieren im Inland ein Geschäft unter Lebenden gemacht wird. Nachdem durch Beschluß des Bundesrats vom 14. Dezember 1916 (RGBl. S. 1387) für die bis 31. März 1917 eingeführten Wertpapiere bereits während des Krieges eine entsprechende Anordnung getroffen worden war, läßt der Entwurf die stempelfreie Einfuhr nunmehr allgemein zu, indem in Tarifnummer 1 C und Tarifnummer 2 c, d die Steuerpflicht nicht mehr schon an die Aushändigung im Inland geknüpft ist. Daß als ein Geschäft, das im Inland unter Lebenden „mit" dem Wertpapier gemacht wird und daher die Steuerpflicht begründet, nicht schon die bloße Übergabe von Wertpapieren zur Aufbewahrung und zur Verwaltung gilt, war schon bisher unbezweifelter Rechtsgrundsatz.

1	2	3				4
		Steuersatz				
Nr.	Gegenstand der Besteuerung	vom Hundert	vom Tausend	Mark	Pfennig	Berechnung der Stempelabgabe
(1)	sie im Inland veräußert, verpfändet oder wenn daselbst andere Geschäfte unter Lebenden damit gemacht oder Zahlungen darauf geleistet werden, unter der gleichen Voraussetzung auch Zwischenscheine über Einzahlungen auf diese Wertpapiere	5	—	—	—	vom Nennwert, bei Zwischenscheinen sowie nicht voll gezahlten Namenaktien und Anteilscheinen vom Betrage der bescheinigten Einzahlungen, und zwar in Abstufungen von 1 Mark für je 20 Mark; überschießende Bruchteile werden, soweit sie nicht unter dem Betrage von 1 Mark zurückbleiben, für volle 20 Mark gerechnet.
	Zusätze: 1. Die Abgabe ist von jedem Stücke nur einmal zu entrichten. 2. Sind die Wertpapiere für Rechnung eines inländischen Kommittenten von einem inländischen Kommissionär durch ein im Ausland abgeschlossenes Geschäft angeschafft, so tritt die Abgabepflicht nicht schon dadurch ein, daß die Wertpapiere dem inländischen Kommittenten in Ausführung des Kommissionsge-					Der nachweislich versteuerte Betrag der Zwischenscheine wird auf den Betrag der demnächst zu versteuernden Aktien usw. angerechnet. Das gleiche gilt von dem versteuerten Betrage nicht voll gezahlter Aktien und Anteil-

1	2	3				4
Nr.	Gegenstand der Besteuerung	Steuersatz				Berechnung der Stempelabgabe
		vom Hundert	vom Tausend	Mark	Pfennig	
(1)	schäfts übereignet werden[1])[2]).					scheine bei späteren Einzahlungen. Ausländische Werte werden nach den vom Bundesrate zu erlassenden Vorschriften umgerechnet[3]).

Art. 4. Tarifnummer 2 und 3 erhalten folgende Fassung:

1	2	3				4
Nr.	Gegenstand der Besteuerung	Steuersatz				Berechnung der Stempelabgabe
		vom Hundert	vom Tausend	Mark	Pfennig	
2	**Schuld- und Rentenverschreibungen**[4])[5]). Verzinsliche Schuldverschreibungen sowie Rentenverschreibungen, sofern die Schuld- oder Ren-					

[1]) Vgl. die vorige Anmerkung.

[2]) Die **steuerfreie Einbringung** der ausländischen Wertpapiere wird im Sinne der dort gegebenen Ausführungen auch dann zuzugestehen sein, wenn die Anschaffung der Wertpapiere im Ausland durch einen inländischen Kommissionär erfolgt ist und dieser die aus dem Ausland eingeführten Papiere in Aus-

1	2	3				4
Nr.	Gegenstand der Besteuerung	Steuersatz				Berechnung der Stempelabgabe
		vom Hundert	vom Tausend	Mark	Pfennig	
(2)	tenverschreibungen auf den Inhaber lauten oder sofern sie entweder durch Indossament übertragbar oder in Teilabschnitten ausgefertigt und mit Zinsscheinen oder Rentenscheinen versehen sind, die nicht auf den Namen lauten oder die durch Indossament übertragbar sind, und zwar[4])					

führung des Kommissionsauftrags seinem Kommittenten im Inland überträgt.

[3]) Da die außerordentlichen Schwankungen der Valuta vermutlich noch längere Zeit andauern werden, erscheint es nicht angängig, für die Umrechnung ausländischer Werte ohne weiteres die jetzt für die Umrechnung beim Wechselstempel maßgebenden Grundsätze gelten zu lassen. Es wird deshalb dem Bundesrate vorzubehalten sein, die den jeweiligen Verhältnissen entsprechenden Umrechnungsvorschriften zu erlassen.

[4]) Der Regierungsentwurf von 1881 hatte ursprünglich nur die auf den **Inhaber** lautenden Schuld- und Rentenverschreibungen besteuern wollen, die Reichstagskommission hatte sich aber für den Wortlaut des Tarifs entschieden, daß die Renten- und Schuldverschreibungen „für den Handelsverkehr bestimmt" sein müßten, welcher Ausdruck dann in der Reichsstempelgesetzgebung festgehalten worden ist. Bestimmend war hierbei die Voraussicht gewesen, daß, wenn man nur die

Inhaberschuldverschreibungen besteuern würde, bei neuen Emissionen vielfach zur Steuerumgehung die Form von auf den Namen lautenden, in blanco übertragbaren Papieren gewählt werden würde. Die Wertpapiere, die hiernach durch die Besteuerung getroffen werden sollten, glaubte man durch das Erfordernis ihrer Bestimmung für den Handelsverkehr genügend scharf gekennzeichnet. Die Emissionstechnik ist in der Tat bei der Ausgabe von Inhaberschuldverschreibungen nicht stehen geblieben. Seitdem die Ausgabe von Inhaberschuldverschreibungen von einer staatlichen Genehmigung abhängig gemacht worden war, und diese zum Teil, wie vor allem in Preußen, für Industrieobligationen grundsätzlich versagt wurde, ist man zunächst dazu übergegangen, die Obligationen auch auf den Namen (und zwar auf den Namen der finanzierenden Bank) zu stellen und dafür die Übertragbarkeit durch Indossament vorzusehen. Daß diese indossablen Schuldverschreibungen im Sinne des Reichsstempelgesetzes als für den Handelsverkehr bestimmt anzusehen seien, hat die Rechtsprechung des Reichsgerichts allerdings immer anerkannt, und so ist ihre Stempelpflicht nie ernstlich in Zweifel gezogen gewesen. Aber der Verkehr ist weitergegangen und hat auch Schuldverschreibungen in den Handel gebracht, die nur durch Zession übertragbar waren, und hier hat das Reichsgericht die Bestimmung der Papiere für den Handelsverkehr grundsätzlich verneint. Die hierdurch geschaffene Lage entsprach weder der ursprünglichen Absicht der Gesetzgebung, da seinerzeit die Reichstagskommission bei der Wahl der jetzigen gesetzlichen Formulierung auch die durch Blankozession übertragbaren Papiere ausdrücklich mit im Auge gehabt hat. Sie ist auch innerlich nicht gerechtfertigt und ist geeignet, das finanzielle Aufkommen zu schädigen. Nach der Auffassung des Reichsgerichts war für die Beantwortung der Frage ob „Bestimmung der Wertpapiere für den Handelsverkehr" gegeben ist oder nicht, **nicht die Absicht des Ausstellers** ausschlaggebend sei, sie zum Gegenstand des Handelsverkehrs zu machen, sondern die **objektive Eignung** der Papiere, einen Gegenstand des Handels zu bilden. Für eine künftige gesetzliche Regelung scheint dieser Gesichtspunkt aber nicht verwertbar. Auf den wirtschaftlichen Erfolg einer rechtsgeschäftlichen Maßnahme kann das Stempelgesetz schon deshalb keine Rücksicht nehmen, weil dieser Erfolg sich in dem Zeitpunkt, in dem über die Stempelpflicht zu entscheiden ist, gar nicht übersehen läßt. Aber auch ob ein Wertpapier objektiv geeignet ist, einen Gegenstand des Handels zu bilden, hängt nicht bloß von der rechtlichen Ausgestaltung der Schuldverschreibung, sondern auch von den Bedürfnissen des Marktes ab, die sich einer maßgebenden Beurteilung durch die Steuerbehörde durchweg entziehen. Für die Besteuerung muß es genügen, daß die Ausstattung der Schuldverschreibungen durch ihre äußeren Merkmale erkennen läßt, ihr Aussteller beabsichtige, sich zur Befriedigung seines Kreditbedürfnisses an einen größeren Kreis von Kapitalisten zu wenden, und er rechne damit, daß dieser in der beliebigen Weiterveräußerung seiner Forderung werde freie Hand behalten wollen. Dies ist bei solchen Schuldverschreibungen der Fall, wie sie das Gesetz in der jetzt vorliegenden Fassung der Nr. 2 des Artikel 4 vorsieht. Die Steuerpflicht wird auch durch den Umstand nicht ausgeschlossen, daß die Übertragung des Papiers nur durch Zession erfolgen und deshalb der Aussteller dem Nachfolger im Rechte Einreden aus der Person seines Vormannes entgegensetzen kann. Mit solchen Einreden rechnet der Verkehr nicht und braucht nicht damit zu rechnen, weil er keinen Anlaß hat anzunehmen, daß zwischen dem Vorbesitzer der Schuldverschreibungen und dem Aussteller des Papiers andere Rechtsbeziehungen bestanden hätten, als sie sich aus der Urkunde ergeben. Das Gesetz hat daher den Begriff der für den „**Handelsverkehr bestimmten Schuld- und Rentenverschreibungen**“ aufgegeben und ihn durch bestimmter umschriebene Merkmale ersetzt. Hierzu nötigte auch schon der Umstand, daß das Reichsgericht die indossablen Schuldverschreibungen als schlechthin für den Handelsverkehr bestimmt erklärt und damit den Unterschied gegenüber den indossablen Verpflichtungsscheinen, die der Besteuerung nach § 27 Abs. 1 des Wechselstempelgesetzes unterliegen, ins Ungewisse gezogen hatte. Als Gegenstand der Besteuerung bezeichnet demnach die Tarifnummer: **verzinsliche Schuldverschreibungen sowie Rentenverschreibungen**, sofern die Schuld- oder Rentenverschreibungen auf den **Inhaber** lauten **oder** sofern sie entweder durch **Indossament übertragbar oder in Teilabschnitten ausgefertigt und mit Zinsscheinen oder Rentenscheinen versehen** sind, die

1	2	3				4
Nr.	Gegenstand der Besteuerung	Steuersatz				Berechnung der Stempelabgabe
		vom Hundert	vom Tausend	Mark	Pfennig	
(2)	a) inländischer Gemeinden, Gemeindeverbände und Gemeindekreditanstalten, inländischer Körperschaften ländlicher oder städtischer Grundbesitzer oder inländischer Grundkredit- oder Hypothekenbanken oder inländischer Schiffspfandbrief- oder Schiffsbeleihungsbanken oder inländischer Siedlungsgesellschaften oder inländischer Eisenbahngesellschaften, sofern diese Papiere mit staatlicher Genehmigung ausgegeben sind[5]) ...	—	5	—	—	vom Nennwert, und zwar in Abstufungen zu a von 50 Pfennig für je angefangene 100 Mark, zu b und d von 60 Pfennig, zu c von 30 Pfennig für je angefangene 20 Mark. Überschießende Bruchteile des Nennwerts unter dem Betrage von 1 Mark bleiben außer Betracht. Ist der Kapitalwert von Rentenverschrei-

nicht auf den **Namen** lauten oder die durch **Indossament** übertragbar sind.

[5]) Die Tarifnummer 2a entspricht der bisherigen Tarifnummer 3. Das bisherige Erfordernis, daß die Schuld- und Rentenverschreibungen auf den Inhaber gestellt sein müssen, ist fallen gelassen, da insoweit kein Bedürfnis vorliegt, für die hier genannten Papiere bezüglich der formellen Ausgestaltung etwas Besonderes zu bestimmen. Es wird genügen, an dem Erfordernisse festzuhalten, daß sie mit staatlicher Genehmigung ausgestellt sind.

1	2	3				4
Nr.	Gegenstand der Besteuerung	Steuersatz				Berechnung der Stempelabgabe
		vom Hundert	vom Tausend	Mark	Pfennig	
(2)	b) anderer inländischer Schuldner[1])	3	—	—	—	bungen aus diesen selbst nicht ersichtlich, so gilt als solcher der fünfundzwanzigfache Betrag der einjährigen Rente. Ausländische Werte werden nach den vom Bundesrate zu erlassenden Vorschriften umgerechnet.
	c) ausländischer Staaten, Gemeinden oder Gemeindeverbände und Eisenbahngesellschaften [1])	1½	—	—	—	
	d) anderer ausländischer Schuldner[1]) .... zu c und d, sofern die Verschreibungen im Inland veräußert, verpfändet oder sofern daselbst andere Geschäfte unter Lebenden damit gemacht oder Zahlungen darauf geleistet werden. Zusatz 2 der Tarifnummer 1 C findet Anwendung.	3	—	—	—	
	Zusätze: 1. Die Abgabe ist von jedem Stücke nur einmal zu entrichten.					

[1]) Die Tarifnummer 2 b entspricht der bisherigen Tarifnummer 2 a, Tarifnummer 2 c der bisherigen Tarifnummer 2 b, Tarifnummer 2 d der bisherigen Tarifnummer 2 c.

1	2	3				4
Nr.	Gegenstand der Besteuerung	Steuersatz				Berechnung der Stempelabgabe
		vom Hundert	vom Tausend	Mark	Pfennig	
(2)	2. Wie die Schuld- und Rentenverschreibungen sind auch die Zwischenscheine über Einzahlungen auf diese Wertpapiere zu versteuern. 3. Ist dem Gläubiger eines zinsbaren Darlehens oder einer Rentenschuld, insbesondere auch einer Buchforderung, das Recht eingeräumt, an Stelle seiner Forderung die Ausfertigung und Aushändigung von Schuldverschreibungen der in dieser Tarifnummer bezeichneten Art zu verlangen, so unterliegt der für derartige Schuldverschreibungen bestimmten Stempelabgabe auch die in ein Schuldbuch eingetragene oder in anderer Weise schriftlich verlautbarte Erklärung zur Beurkun-					Zum Zusatz 2. Bei Zwischenscheinen ist die Abgabe vom Betrage der bescheinigten Einzahlungen zu berechnen. Der nachweislich versteuerte Betrag der Zwischenscheine wird auf den Betrag der demnächst etwa zu versteuernden Schuld- oder Rentenverschreibungen angerechnet.

1	2	3				4
Nr.	Gegenstand der Besteuerung	Steuersatz				Berechnung der Stempelabgabe
		vom Hundert	vom Tausend	Mark	Pfennig	
(2)	dung des Schuldverhältnisses. Es macht keinen Unterschied, ob sich das Recht des Gläubigers aus der schriftlichen Erklärung selbst ergibt. Der nachweislich versteuerte Betrag der Schuld wird auf den Betrag der demnächst etwa zu versteuernden Schuldverschreibungen angerechnet[1]).					

[1]) Die Gemeindeverwaltungen gehen in immer weiterem Umfang zur Einrichtung von Schuldbüchern über, bei deren Benutzung für den Anleihegläubiger nur eine Buchschuld mit dem Anspruch begründet wird, jederzeit die Ausfertigung von Inhaberschuldverschreibungen verlangen zu können. Wäre damit zu rechnen, daß es früher oder später zu einer solchen Ausfertigung kommt, so würde in der Einrichtung derartiger Schuldbücher im allgemeinen keine Gefährdung des Schuldverschreibungsstempels liegen, da diese Abgabe bei der früher oder später eintretenden Ausgabe der Schuldverschreibungen zu entrichten wäre. Indessen findet in sehr erheblichem Umfang die Begründung von Buchschuldforderungen zur dauernden Festlegung der Kapitalien von Stiftungen, Korporationen oder von sonstigen Zweckvermögen statt, bei welcher mit einer späteren Ausgabe von Schuldverschreibungen überhaupt nicht zu rechnen ist. Da hier von vornherein ein Wechsel in der Person des Gläubigers nicht in Aussicht steht, es also auch für die Zinszahlung nicht der Schaffung von Zinsscheinen bedarf, unterbleibt die Ausstellung von mit solchen versehenen Schuldverschreibungen schon zur Ersparung des Talonstempels. Die

1	2	3				4
Nr.	Gegenstand der Besteuerung	Steuersatz				Berechnung der Stempelabgabe
		vom Hundert	vom Tausend	Mark	Pfennig	
(2)	Wird eine Schuld oder Rentenverschreibung in eine Buchschuld umgewandelt, so wird der nachweisliche versteuerte Betrag der Schuld- oder Rentenverschreibung auf den Betrag der zu versteuernden Buchschuld angerechnet. Die Abgabe ist von dem Schuldner binnen zwei Wochen nach Eingehung des Schuldverhältnisses zu entrichten.					

Vorteile, die sich aus diesen Stempelersparungen ergeben, sind so erheblich, daß auch Kreditinstitute, in deren Papieren Gelder der toten Hand angelegt zu werden pflegen, insbesondere auch die Landschaften, die sich mit dem Gedanken der Einrichtung von Schuldbüchern getragen haben und voraussichtlich zu dieser Einrichtung, auch wenn sie es selbst nicht wollten, gedrängt werden, wenn nicht durch die Gesetzgebung der Möglichkeit einer Stempelersparung vorgebeugt wird. Die Kapitalbeträge, um die es sich bei diesen Vermögensfestlegungen handelt, sind so groß, daß mit der Zeit mit einem sehr erheblichen Ausfall an Stempelabgaben gerechnet werden muß. Auf diese Stempelabgaben zu verzichten, liegt aber kein Anlaß vor, da es sich bei der Auflegung der Anleihen der Gemeinden und Kreditinstitute tatsächlich um ein Aufsuchen des offenen Kapitalmarktes handelt.

Das Gesetz sieht deshalb vor, daß schriftliche Erklärungen zur Beurkundung eines zinsbaren Darlehns der Stempelabgabe unterliegen, wenn dem Gläubiger das Recht ein-

1	2	3				4
Nr.	Gegenstand der Besteuerung	Steuersatz				Berechnung der Stempelabgabe
		vom Hundert	vom Tausend	Mark	Pfennig	
(2)	Befreiungen: Befreit sind 1. Schuld- und Rentenverschreibungen des Reichs, der Bundesstaaten und der ausschließlich für Rechnung eines Bundesstaats verwalteten Anstalten, Zwischenscheine über Einzahlungen auf diese Wertpapiere sowie Forderungen (Zusatz 3) an das Reich, einen Bundesstaat oder eine ausschließlich für Rechnung eines Bundesstaats verwaltete Anstalt;					

geräumt ist, an Stelle seiner Buchforderung die Ausfertigung und Aushändigung von Schuldverschreibungen der in der Tarifnummer bezeichneten Art zu fordern. Der nachweislich versteuerte Betrag des Darlehns muß dann natürlich auf den Betrag der demnächst etwa zu versteuernden Schuldverschreibungen angerechnet werden. Schuldbuchforderungen an das Reich, einen Bundesstaat oder eine ausschließlich für Rechnung eines Bundesstaats verwaltete Anstalt trifft die Stempelpflicht nicht.

1	2	3				4
Nr.	Gegenstand der Besteuerung	Steuersatz				Berechnung der Stempelabgabe
		vom Hundert	vom Tausend	Mark	Pfennig	
(2)	2. die auf Grund des Reichsgesetzes vom 8. Juni 1871 abgestempelten ausländischen Inhaberpapiere mit Prämien.					
3	Genußscheine und ähnliche zum Bezug eines Anteils an dem Gewinn einer unter Tarifnummer 1Aa oder b fallenden Gesellschaft berechtigende Wertpapiere, sofern sie sich nicht als Aktien oder sonstige Gesellschaftsanteile oder als Schuld- oder Rentenverschreibungen (Tarifnummer 2) darstellen, und zwar[1])					
	a) solche, welche als Ersatz an Stelle erloschener Aktien ausgegeben werden	—	—	20	—	

[1]) Die Besteuerungsvorschriften über die **Genußscheine** waren bisher in der Anmerkung zu Tarifnummer 1 und 2 enthalten. Ihre Behandlung in einer besonderen Tarifnummer empfahl sich, da sie neben den Aktien (Tarifnummer 1) und den Schuldverschreibungen (Tarifnummer 2) eine besonders geartete Gruppe von Wertpapieren darstellen.

1	2	3				4
Nr.	Gegenstand der Besteuerung	Steuersatz				Berechnung der Stempelabgabe
		vom Hundert	vom Tausend	Mark	Pfennig	
(3)	b) alle übrigen inländischen	5	—	—	—	des Wertes der Gegenleistung. Zusatz. Wird ein Genußschein zu mehreren Aktien ausgegeben, so ist die feste Abgabe nach dem der Zahl der Aktien entsprechenden Vielfachen des Abgabesatzes zu erheben.
	mindestens aber	—	—	50	—	
	c) alle übrigen ausländischen	—	—	50	—	

Art. 5. Tarifnummer 3A erhält folgende Fassung:

1	2	3				4
Nr.	Gegenstand der Besteuerung	Steuersatz				Berechnung der Stempelabgabe
		vom Hundert	vom Tausend	Mark	Pfennig	
3A	**Gewinnanteilschein- und Zinsbogen**[1]). a) Gewinnanteilscheinbogen von inländischen					

[1]) Die Änderungen beim sogenannten Talonstempel sind, abgesehen von der Erhöhung des Abgabensatzes für Gewinn-

1	2	3				4
		Steuersatz				
Nr.	Gegenstand der Besteuerung	vom Hundert	vom Tausend	Mark	Pfennig	Berechnung der Stempelabgabe
(3 A)	Aktien, Aktienanteilscheinen, Reichsbankanteilscheinen, Anteilscheinen von Kolonialgesellschaften und den ihnen gleichgestellten Gesellschaften	2	—	—	—	vom Nennwert der Wertpapiere, für welche die Bogen ausgegeben werden, in Abstufungen von 2 Mark für je 100 Mark; überschießende Bruchteile werden für volle 100 Mark gerechnet. Sofern die Einzahlungen auf die Wertpapiere nicht voll geleistet sind, ist die Abgabe vom Betrage der geleisteten Einzahlungen, jedoch höchstens vom Betrage des Nennwerts der Wertpapiere, zu entrichten. Wird während der Zeit, für welche die Gewinnanteilscheine laufen eine weitere Einzahlung geleistet, so ist vom Betrage der Einzahlung, soweit sie
	b) Gewinnanteilscheinbogen von ausländischen Aktien und Aktienanteilscheinen, sofern die Bogen im Inland ausgegeben werden	2	—	—	—	
	Der Steuersatz ermäßigt sich auf die Hälfte, wenn die während der vorausgegangenen 10 Jahre verteilte Dividende durch-					

anteilscheinbogen, im wesentlichen redaktioneller Natur und durch die formelle Änderung der Tarifnummer 2 bedingt. Es soll zwar die Abgabe von Gewinnanteilscheinbogen eine Erhöhung von 1 auf $1\frac{1}{2}$ v. H. des Nennwerts der Papiere erfahren. Von einer Erhöhung der Abgabe von Zinsbogen soll dagegen abgesehen werden, da hier die Abgabe in der Mehrzahl der Fälle auf dem Darlehnsschuldner haften bleibt und daher zu einer für die Zeit nach dem Kriege nicht erwünschten Erschwerung der Befriedigung des Kreditbedürfnisses führen würde.

1	2	3				4
Nr.	Gegenstand der Besteuerung	Steuersatz vom Hundert	vom Tausend	Mark	Pfennig	Berechnung der Stempelabgabe
(3A)	schnittlich 4 vom Hundert, er gelangt nicht zur Hebung, wenn sie 3 vom Hundert nicht überschritten hat.					zusammen mit der früheren Einzahlung den Nennwert des Wertpapiers nicht übersteigt, eine weitere Abgabe nach dem Verhältnis der abgelaufenen Zeit zu der Zeit zu entrichten, für welche die Gewinnanteilscheine noch laufen. Für Bogen, die Anteilscheine für einen längeren als zehnjährigen Zeitraum enthalten, erhöht sich die Abgabe für jedes fernere Jahr um ein Zehntel.
	c) Zinsbogen (Rentenbogen) von inländischen Schuld- und Rentenverschreibungen der in Tarifnummer 2a bezeichneten Art	—	2	—	—	vom Nennwert der Wertpapiere, für welche die Bogen ausgegeben werden, in Abstufungen von 20 Pf. für je 100 Mark; überschießende Bruchteile werden für volle 100 Mark gerechnet. Für Bogen, die Zinsscheine für einen längeren als zehnjährigen Zeitraum enthalten, erhöht sich die Abgabe für jedes fernere Jahr um ein Zehntel.
	d) Zinsbogen (Rentenbogen) von inländi-					

1	2	3				4
Nr.	Gegenstand der Besteuerung	Steuersatz				Berechnung der Stempelabgabe
		vom Hundert	vom Tausend	Mark	Pfennig	
(3A)	schen Schuld- und Rentenverschreibungen der in Tarifnummer 2b bezeichneten Art	1	—	—	—	vom Nennwert der Wertpapiere, für welche die Bogen ausgegeben werden, in Abstufungen von 1 Mark für je 100 Mark; überschießende Bruchteile werden für volle 100 Mark gerechnet. Für Bogen, die Zinsscheine für einen längeren als zehnjährigen Zeitraum enthalten, erhöht sich die Abgabe für jedes fernere Jahr um ein Zehntel.
	e) Zinsbogen (Rentenbogen) von ausländischen Schuld- und Rentenverschreibungen der in Tarifnummer 2c, d bezeichneten Art, sofern die Bogen im Inland ausgegeben werden	1	—	—	—	
	Befreit sind: 1. Zinsbogen von Schuld- und Rentenverschreibungen des Reichs und der Bundesstaaten sowie der ausschließlich für Rechnung eines Bundesstaats verwalteten Anstalten; 2. Gewinnanteilscheinbogen von Aktien der in der Befreiungsvorschrift zu Tarifnummer 1 A a, b, c bezeichneten Aktiengesellschaften;					Zusatz zu b, e. Ausländische Werte werden nach den vom Bundesrate zu erlassenden Vorschriften umgerechnet.

1	2	3				4
Nr.	Gegenstand der Besteuerung	Steuersatz				Berechnung der Stempelabgabe
		vom Hundert	vom Tausend	Mark	Pfennig	
(8 A)	3. Gewinnanteilschein- und Zinsbogen, die bei der ersten Ausgabe der Wertpapiere mit diesen in Verkehr gesetzt werden. Die Befreiung greift nicht Platz, soweit die Bogen für einen längeren als zehnjährigen Zeitraum ausgegeben werden.					

Art. 6. Tarifnummer 4 erhält folgende Fassung:

1	2	3				4
Nr.	Gegenstand der Besteuerung	Steuersatz				Berechnung der Stempelabgabe
		vom Hundert	vom Tausend	Mark	Pfennig	
4	**Kauf- und sonstige Anschaffungsgeschäfte.** a) Kauf- und sonstige Anschaffungsgeschäfte über					

1	2	3				4
Nr.	Gegenstand der Besteuerung	Steuersatz				Berechnung der Stempelabgabe
		vom Hundert	vom Tausend	Mark	Pfennig	
(4)	1. Schuldverschreibungen[1]) des Reichs aus Anleihen, die während des gegenwärtigen Krieges bis zum Friedensschlusse mit den Großmächten aufgelegt worden sind ..	—	3/10	—	—	vom Werte des Gegenstandes des Geschäfts, und zwar in Abstufungen von
	2. andere Schuld- und Rentenverschreibungen[1]) des Reichs sowie Schuld- und Rentenverschreibungen der Bundesstaaten	—	4/10	—	—	
	3. a) Schuld- und Rentenverschreibungen inländischer Gemeinden[1]), Gemeindeverbände und Gemeindekreditanstalten, inländischer Körperschaften ländlicher					

[1]) Kauf- und Anschaffungsgeschäfte über **unverzinsliche Schatzanweisungen** des Reichs und der Bundesstaaten unterliegen der Besteuerung nach Tarifnummer 4 a nicht, da zufolge des Zusatzes 1 unter Schuldverschreibungen im Sinne dieser Vorschrift nur solche der in Tarifnummer 2 bezeichneten Art also nur verzinsliche Schuldverschreibungen, zu verstehen sind

1	2	3				4
Nr.	Gegenstand der Besteuerung	Steuersatz				Berechnung der Stempelabgabe
		vom Hundert	vom Tausend	Mark	Pfennig	
(4)	oder städtischer Grundbesitzer oder inländischer Grundkredit- oder Hypothekenbanken oder inländischer Schiffspfandbrief- od. Schiffsbeleihungsbanken oder inländischer Siedelungsgesellschaften oder inländischer Eisenbahngesellschaften	—	$^{6}/_{10}$	—	—	zu a 1 u. 6 0,20 M., a 2 ... 0,40 „ a 3a .. 0,60 „ a 3b .. 0,80 „ a 4 ... 1,00 „ für je 1000 Mark oder einen Bruchteil dieses Betrags, a 5 ... 0,20 M. für je 100 Mark oder einen Bruchteil dieses Betrags[1]). Bei Berechnung der Abgabe im einzelnen Falle sind mindestens 10 Pfennig in Ansatz zu bringen und höhere Pfennigbeträge derart nach oben hin abzurunden, daß sie durch 10 teilbar sind. Der Wert des Gegenstandes wird nach dem vereinbarten Kauf- oder Lieferungspreise, sonst durch den mittleren Börsen- oder Markt-
	b) Schuld- und Rentenverschreibungen ausländischer Staaten, Gemeinden oder Eisenbahngesellschaften	—	$^{8}/_{10}$	—	—	
	4. andere als die unter 1 bis 3 genannten Schuld- und Rentenverschreibungen	—	1	—	—	

[1]) Zu Tarifnummer 4 a 1 bis 6, Spalte 4. Zur Vermeidung von Härten ist bestimmt, daß die Berechnung der Abgabe, die im allgemeinen in Abstufungen von je 1000 ℳ oder einem Bruchteil dieses Betrags erfolgt, im Falle der Nr. 4 a, 5 in Abstufungen von je 100 ℳ oder einem Bruchteil dieses Betrags zu geschehen hat.

1	2	3				4
		Steuersatz				
Nr.	Gegenstand der Besteuerung	vom Hundert	vom Tausend	Mark	Pfennig	Berechnung der Stempelabgabe
(4)	5. inländische und ausländische Aktien, Aktienanteilscheine, Reichsbankanteilscheine, Anteilscheine von deutschen Kolonialgesellschaften und ihnen gleichgestellten deutschen Gesellschaften, Anteile von bergrechtlichen Gewerkschaften oder die darüber ausgestellten Urkunden (Kuxscheine, Bezugsscheine, Abtretungsscheine), Genußscheine[1]	—	2	—	—	preis am Tage des Abschlusses bestimmt. Die zu den Wertpapieren gehörigen Zins- und Gewinnanteilscheine bleiben bei Berechnung der Abgabe außer Betracht. Ausländische Werte werden nach den vom Bundesrate zu erlassenden Vorschriften umgerechnet.
	6. ausländische Banknoten, ausländisches Papiergeld oder ausländische Geldsorten.	—	2/10	—	—	
	Zusätze:					
	1. Unter Schuld- und Rentenverschreibungen im Sinne dieser Tarifnummer sind Schuld- und Renten-					

[1]) Vgl. Anmerkung 1 auf voriger Seite.

1	2	3				4
Nr.	Gegenstand der Besteuerung	Steuersatz				Berechnung der Stempelabgabe
		vom Hundert	vom Tausend	Mark	Pfennig	
(4)	verschreibungen der in Tarifnummer 2 bezeichneten Art zu verstehen. 2. Wie Kauf- und Anschaffungsgeschäfte über die in dieser Tarifnummer aufgeführten Wertpapiere sind auch Kauf- und Anschaffungsgeschäfte zu versteuern, die Zwischenscheine über Einzahlungen auf diese Wertpapiere zum Gegenstande haben. 3. Den Anschaffungsgeschäften steht gleich die bei Errichtung einer Aktiengesellschaft, einer Kommanditgesellschaft auf Aktien, einer Kolonialgesellschaft oder einer dieser gleichgestellten Gesellschaft stattfindende Übernahme der Aktien oder Anteilscheine durch die Gründer,					

1	2	3				4
Nr.	Gegenstand der Besteuerung	Steuersatz				Berechnung der Stempelabgabe
		vom Hundert	vom Tausend	Mark	Pfennig	
(4)	ihre Zuteilung auf Grund vorhergehender Zeichnung und die Ausreichung von Wertpapieren an den ersten Erwerber. Den Kauf- und Anschaffungsgeschäften steht ferner gleich die entgeltliche Überlassung der Ausübung des Bezugsrechts auf neue Aktien oder Genußscheine[1])					

[1]) Zu Zusatz 3 Abs. 2 zu Tarifnummer 4 a. Werden bei Kapitalerhöhungen den bisherigen Aktionären die neuen Aktien zu einem unter ihrem wahren Werte bleibenden Betrag angeboten, so stellen diese Bezugsrechte wichtige Vermögensrechte dar, die daher auch Gegenstand des Handels werden und zur Börsennotiz gelangen. Da für die Ausreichung der neuen Aktien selbst nach Zusatz 3 Abs. 1 und nach Abs. 3 der Berechnungsspalte nur der niedere Betrag zur Versteuerung gelangt, zu dem die Aktien den bevorrechteten Aktionären angeboten sind, erscheint es angezeigt, auch die entgeltliche Überlassung der Ausübung des Bezugsrechts, durch die der Mehrwert der neuen Aktien realisiert wird, dem Kauf- und Anschaffungsstempel zu unterwerfen.

1	2	3				4
Nr.	Gegenstand der Besteuerung	Steuersatz				Berechnung der Stempelabgabe
		vom Hundert	vom Tausend	Mark	Pfennig	
(4)	Ermäßigungen[1]: 1. Sind als Vertragschließende nur Personen beteiligt, die gewerbsmäßig Bank- oder Bankiergeschäfte betreiben oder zu den					

[1]) Zur Vorschrift „Ermäßigungen" vgl. im allgemeinen das in der einleitenden Vorbemerkung Gesagte. Die Ermäßigung gilt auch für Geschäfte zwischen einem inländischen und einem ausländischen Bankier und für im Inland geschlossene Geschäfte zweier ausländischer Bankiers. Ob jemand zu den Bank- oder Bankiergeschäfte treibenden Personen gehört, wird im einzelnen Falle zweifelhaft sein können. Indessen ist die Sache für den Regelfall, in dem ein Kommissionsgeschäft zwischen dem hauptstädtischen Bankier und seinem Kommittenten in der Provinz vorliegt, der seinerseits Kommissionär eines Privatkunden ist, nach Artikel 18 ohne praktischen Belang. Denn entweder wird die zwischen beiden gewechselte Schlußnote voll versteuert, dann ist die Abwicklungsschlußnote an den Privatkunden stempelfrei, oder die erstere Schlußnote war zum ermäßigten Abgabensatze verstempelt, dann muß die Abwicklungsschlußnote an den Privatkunden noch mit dem Unterschiedstempelbetrag zwischen dem höheren und dem niederen Satze versteuert werden. Es kommt also im Ergebnis derselbe Betrag zur Erhebung, mag der Kommissionär in der Provinz als Bankier oder Nicht-Bankier behandelt worden sein.

Für den Kreis der gewerbsmäßigen Börsenbesucher soll die Zugehörigkeit im Sinne der Ermäßigungsvorschrift als nach-

1	2	3				4
Nr.	Gegenstand der Besteuerung	Steuersatz				Berechnung der Stempelabgabe
		vom Hundert	vom Tausend	Mark	Pfennig	
(4)	regelmäßigen Besuchern einer inländischen Börse zum Zwecke des gewerbsmäßigen Handels mit Wertpapieren gehören, so ermäßigt sich für sie der Abgabesatz					des zu a 1 bis 6 bezeichneten Betrags, u. zwar in Abstufungen von
	zu Nr. 1 auf	—	1/10	—	—	zu 1 ..... 0,10 M.,
	" " 2 "	—	2/10	—	—	" 2 ..... 0,20 "
	" " 3 "	—	3/10	—	—	" 3 ..... 0,30 "
	" " 4 "	—	4/10	—	—	" 4 ..... 0,40 "
	" " 5 "	—	5/10	—	—	" 5 ..... 0,50 " von je 1000 Mark oder einem Bruchteil dieses Betrags.
	Die Ermäßigung tritt, soweit es sich nicht um Bank- oder Bankiergeschäfte handelt, nur ein, wenn die Personen in eine von der zuständigen Handelsvertretung geführte Liste eingetragen sind. Die-					

gewiesen nur angesehen werden, wenn die Person in eine von der zuständigen Handelsvertretung geführte Liste eingetragen ist. Die nähere Bestimmung, insbesondere darüber, welche Körperschaft als zuständige Handelsvertretung anzusehen und wie die Listenführung einzurichten ist, soll der Bundesrat zu treffen haben.

1	2	3				4
Nr.	Gegenstand der Besteuerung	Steuersatz vom Hundert	Steuersatz vom Tausend	Mark	Pfennig	Berechnung der Stempelabgabe
(4)	näheren Vorschriften erläßt der Bundesrat. 2. Hat jemand nachweislich im Arbitrierverkehr unter Nr. 1 bis 6 fallende Gegenstände derselben Gattung an einem inländischen oder ausländischen Börsenplatze gekauft und an einem anderen verkauft oder umgekehrt, so ermäßigt sich die auf ihn entfallende Hälfte der Stempelabgabe von jedem dieser Geschäfte, soweit deren Gegenstände sich decken, auf $^{1}/_{40}$ vom Tausend, wenn die beiden einander gegenüberstehenden Geschäfte zu festen Kursen an demselben Tage oder an zwei unmittelbar aufeinanderfolgenden Börsentagen abgeschlossen sind. Es macht keinen Unterschied, ob der Be-					

1	2	3				4
Nr.	Gegenstand der Besteuerung	Steuersatz				Berechnung der Stempelabgabe
		vom Hundert	vom Tausend	Mark	Pfennig	
(4)	teiligte die Geschäfte selbst oder durch eine Metaverbindung abgeschlossen hat. Unter den gleichen Voraussetzungen tritt die Steuerermäßigung ein, wenn An- und Verkäufen von ausländischen Banknoten oder ausländischem Papiergeld Geschäfte über Geldsorten oder Wechsel gegenüberstehen. Eine einmalige, längstens halbmonatige Verlängerung im Ausland abgeschlossener Geschäfte der in Rede stehenden Art bleibt steuerfrei. Die näheren Vorschriften über die Entrichtung der Abgabe erläßt der Bundesrat.					
	3. Für Kostgeschäfte (§ 23 Abs. 3 des Gesetzes) über Gegenstände der vorstehend unter a 1 bis 5 bezeichneten Art					

1	2	3				4
Nr.	Gegenstand der Besteuerung	Steuersatz				Berechnung der Stempelabgabe
		vom Hundert	vom Tausend	Mark	Pfennig	
(4)	ermäßigt sich die Stempelabgabe um die Hälfte der tarifmäßigen Sätze.					
	b) Kauf- und sonstige Anschaffungsgeschäfte, welche unter Zugrundelegung von Usancen einer Börse geschlossen werden (Loko-, Zeit-, Fix-, Termin-, Prämien- usw. Geschäfte), über Mengen von Waren, die börsenmäßig gehandelt werden ..... Als börsenmäßig gehandelt gelten diejenigen Waren, für welche an der Börse, deren Usancen für das Geschäft maßgebend sind, Terminpreise notiert werden, und bei Waren, in denen der Börsenterminhandel untersagt ist, diejenigen, für welche an der in Betracht kommenden Börse Preise	—	4/10	—	—	vom Werte des Gegenstandes des Geschäfts in Abstufungen von 0,40 Mark für je 1000 Mark oder einen Bruchteil dieses Betrags. Das zu a Gesagte gilt entsprechend.

1	2	3				4
Nr.	Gegenstand der Besteuerung	Steuersatz				Berechnung der Stempelabgabe
		vom Hundert	vom Tausend	Mark	Pfennig	
(4)	für Zeitgeschäfte notiert werden. Der Bundesrat ist ermächtigt, Befreiungen und Ermäßigungen für einzelne Gattungen von Waren zuzulassen. Befreiungen[1]): Die vorbestimmte Abgabe wird nicht erhoben: 1. falls die Waren, welche Gegenstand eines nach Nr. 4b stempelpflichtigen Geschäfts sind, von einem					

[1]) Von den Befreiungsvorschriften sind diejenigen unter Nr. 5 und 6 neu. Wenn auch der Umsatz von Reichs- und Staatsanleihen für steuerpflichtig erklärt worden ist, so wird man die Steuerpflicht doch nicht auf den Akt der Begebung der Anleihen selbst erstrecken dürfen, da die Abgabe im Ergebnis doch vom Schuldner zu tragen sein würde. Indessen bezieht sich die Befreiung nach der Vorschrift unter Nr. 5, falls die Anleihe von einem Konsortium fest übernommen wird, nur auf die Ausreichung an das Konsortium, nicht auch auf die Weiterbegebung durch dieses. — Die Befreiung unter Nr. 6 betrifft den Fall, daß Reichs- oder Staatsschuldverschreibungen zur Begleichung von Steuern zugelassen sind, wie dies hinsichtlich der Kriegsanleihen nach § 32 des Kriegssteuergesetzes der Fall ist.

1	2	3				4
		Steuersatz				
Nr.	Gegenstand der Besteuerung	vom Hundert	vom Tausend	Mark	Pfennig	Berechnung der Stempelabgabe
(4)	der Vertragschließenden im Inland erzeugt oder hergestellt sind; 2. für die Ausreichung der von den Pfandbriefanstalten und Hypothekenbanken ausgegebenen, auf den Inhaber lautenden Schuldverschreibungen als Darlehnsvaluta an den kreditnehmenden Grundbesitzer; 3. für sogenannte Kontantgeschäfte über die unter Nr. 4a 6 bezeichneten Gegenstände sowie über ungemünztes Gold oder Silber. Als Kontantgeschäfte gelten solche Geschäfte, welche vertragsmäßig durch Lieferung des Gegenstandes seitens des Verpflichteten an dem Tage des Geschäftsabschlusses zu erfüllen sind;					

1	2	3				
Nr.	Gegenstand der Besteuerung	Steuersatz				Berechnung der Stempelabgabe
		vom Hundert	vom Tausend	Mark	Pfennig	
(4)	4. von den zur Versicherung von Wertpapieren gegen Verlosung geschlossenen Geschäften, unbeschadet der Stempelpflicht der nach erfolgter Verlosung stattfindenden Kauf- oder sonstigen Anschaffungsgeschäfte; 5. für die Ausreichung von Schuld- oder Rentenverschreibungen des Reichs, eines Bundesstaats oder einer ausschließlich für Rechnung eines Bundesstaats verwalteten Anstalt sowie von Zwischenscheinen über Einzahlungen auf diese Wertpapiere an den ersten Erwerber; 6. falls Schuld- oder Rentenverschreibungen des Reichs oder eines Bundesstaats zur Begleichung öffentlicher Abgaben hingegeben werden;					

1	2	3				4
		Steuersatz				
Nr.	Gegenstand der Besteuerung	vom Hundert	vom Tausend	Mark	Pfennig	Berechnung der Stempelabgabe
(4)	7. falls den Gegenstand des Geschäfts Schatzanweisungen des Reichs oder eines Bundesstaats bilden, die längstens innerhalb dreier Jahre nach dem Tage des Geschäftsabschlusses zur Rückzahlung fällig sind.					

Art. 7. Tarifnummer 9 erhält folgende Fassung:

1	2	3				4
		Steuersatz				
Nr.	Gegenstand der Besteuerung	vom Hundert	vom Tausend	Mark	Pfennig	Berechnung der Stempelabgabe
	Vergütungen[1]).					
9	Die Aufstellungen der Aktiengesellschaften, Kom-					

[1]) Das Gesetz bringt im wesentlichen eine erhebliche Erhöhung des Tarifsatzes, während der Grundgedanke, die Steuerpflicht an die Gesamtaufstellung der Gesellschaft über die gezahlten Aufsichtsratsvergütungen zu binden, unberührt geblieben ist.

1	2	3				4
Nr.	Gegenstand der Besteuerung	Steuersatz				Berechnung der Stempelabgabe
		vom Hundert	vom Tausend	Mark	Pfennig	
(9)	manditgesellschaften auf Aktien und Gesellschaften mit beschränkter Haftung, Gewerkschaften, Deutschen Kolonialgesellschaften und ihnen gleichgestellten Gesellschaften über die Höhe der gesamten Vergütungen (Gewinnanteile, Tantiemen, Gehälter usw.), die den zur Überwachung der Geschäftsführung bestellten Personen (Mitgliedern des Aufsichtsrats oder des Grubenvorstandes) usw. seit der letzten Bilanzaufstellung gewährt worden sind . . . Befreit sind die Aufstellungen, nach denen die Summe der sämtlichen an die Mitglieder des Aufsichtsrats gemachten Vergütungen (§ 72) nicht mehr als 5000 Mark ausmacht. Übersteigt die Gesamtsumme der Vergütungen 5000 Mark, so wird die Abgabe nur insoweit erhoben, als sie	20	—	—	—	von der Gesamtsumme der Vergütungen.

1	2	3				4
		Steuersatz				
Nr.	Gegenstand der Besteuerung	vom Hundert	vom Tausend	Mark	Pfennig	Berechnung der Stempelabgabe
(9)	aus der Hälfte des 5000 Mark übersteigenden Betrags gedeckt werden kann[1]). Werden Tagegelder im Betrage von mehr als fünfzig Mark für den Tag gezahlt, so ist der Mehrbetrag als versteuerbare Tantieme zu betrachten. Reisegelder, die den Betrag der baren Auslagen übersteigen, werden ebenfalls als Tantieme betrachtet. Die Abgabe ist auch zu erheben, wenn eine Aufstellung nicht gefertigt wird[2]).					

[1]) Abs. 2 Satz 2 der Tarifnummer 9 soll verhüten, daß, wenn die Gesamtsumme der Vergütungen den Betrag von 5000 ℳ nur um einen geringen Betrag übersteigt, die um die volle Abgabe gekürzte Gesamtsumme geringer wird, als wenn die Gesamtsumme nur 5000 ℳ betragen hätte und also nur dem halben Abgabensatz unterlegen hätte. Vgl. die entsprechende Vorschrift im § 10 Abs. 4 des Erbschaftssteuergesetzes.

[2]) Die Vorschrift im Abs. 4 der Gegenstandsspalte der Tarifstelle spricht entgegen der Entscheidung des Reichsgerichts, 7. Zivilsenat vom 19. November 1907 (Entscheidungen in Zivilsachen, Bd. 67 S. 109) aus, daß die Abgabepflicht unabhängig

Art. 8. Hinter Tarifnummer 9 werden folgende Vorschriften eingestellt:

1 Nr.	2 Gegenstand der Besteuerung	3 Steuersatz vom Hundert	 vom Tausend	 Mark	 Pfennig	4 Berechnung der Stempelabgabe
	Geldumsätze.					
10	Anmeldungen über die im inländischen Betrieb eines der Anschaffung und Darleihung von Geld dienenden Geschäftsunternehmens im Laufe des Geschäftsjahres bei den Geldumsätzen berechneten Habenzinsen (§ 76)					
	bei einem Betrage bis zu 50000 Mark und bei einem größeren Betrage von den ersten 50 000 Mark	—	5	—	—	
	von den nächsten angefangenen oder vollen 150000 Mark	1	—	—	—	
	von den nächsten angefangenen oder vollen 300000 Mark	1½	—	—	—	
	von den nächsten angefangenen oder vollen 500000 Mark	2	—	—	—	des Gesamtbetrags der Zinsen in Abstufungen von je 5, 10, 15, 20, 25, 30, 35, 40, 45,

davon entsteht, ob die Gesellschaft der Verpflichtung zur Fertigung und Einreichung der Aufstellung genügt hat oder nicht. Damit ist der Grundsatz der Stempelgesetzgebung, daß gestempelt nur eine Urkunde werden kann, durchbrochen.

1	2	3				4
Nr.	Gegenstand der Besteuerung	Steuersatz vom Hundert	vom Tausend	Mark	Pfennig	Berechnung der Stempelabgabe
(10)	von der nächsten angefangenen oder vollen 1000000 Mark	2½	—	—	—	50, 55 und 60 Pfennig für je 10 Mark oder einen Bruchteil dieses Betrags. Bei Berechnung der Abgabe im Einzelfalle sind Pfennigbeträge derart nach oben abzurunden, daß sie durch 10 teilbar sind.
	von den nächsten angefangenen oder vollen 2000000 Mark	3	—	—	—	
	von den nächsten angefangenen oder vollen 3000000 Mark	3½	—	—	—	
	von den nächsten angefangenen oder vollen 10000000 Mark	4	—	—	—	
	von den nächsten angefangenen oder vollen 20000000 Mark	4½	—	—	—	
	von den nächsten angefangenen oder vollen 30000000 Mark	5	—	—	—	
	von den nächsten angefangenen oder vollen 50000000 Mark	5½	—	—	—	
	darüber	6	—	—	—	
	Befreiungen: Befreit sind öffentliche Sparkassen, Genossenschaften und deren Verbandskassen. Die Befreiung kann in Einzelfällen durch die oberste Landesfinanzbehörde im Einvernehmen					

1	2	3				4
Nr.	Gegenstand der Besteuerung	Steuersatz				Berechnung der Stempelabgabe
		vom Hundert	vom Tausend	Mark	Pfennig	
(10)	mit dem Reichskanzler auch auf nicht öffentliche Sparkassen ausgedehnt werden. Die Befreiung tritt nicht ein für denjenigen Umsatz der Sparkassen, der auf Geschäfte entfällt, die dem eigentlichen Sparkassenverkehre fremd sind; die näheren Bestimmungen hierüber trifft der Bundesrat. Die Befreiung tritt nicht ein für diejenigen eingetragenen Genossenschaften, deren Geschäftsbetrieb über den Kreis ihrer Mitglieder hinausgeht. Befreit sind die Reichsbank und die Staatsbanken für die Habenzinsen, die sie für die ihnen überlassenen Reichs- oder Staatsgelder berechnen. Befreit sind Habenzinsen, welche von einem nach § 76 Abs. 1 anmeldungspflichtigen Unternehmen einem anderen derartigen Unternehmen berechnet werden.					

Art. 9. 1. Vor § 1 des Reichsstempelgesetzes, der die Bezeichnung § 1a erhält, werden folgende Vorschriften als § 1 eingestellt[1]):

§ 1. Die Beurkundung von Gesellschaftsverträgen und Gesellschaftsbeschlüssen der in Tarifnummer 1 unter A bezeichneten Art unterliegt der Steuerpflicht in allen Fällen, in denen die Urkunde im Inland errichtet ist; ist die Urkunde im Ausland errichtet, so tritt die Steuerpflicht ein, wenn der beurkundete Rechtsvorgang eine im Inland eingetragene Gesellschaft oder Forderungen gegen im Inland wohnende Schuldner oder im Inland befindliche Gegenstände betrifft oder wenn das Geschäft im Inland zu erfüllen ist und wenigstens einer der Beteiligten zur Zeit der Errichtung der Urkunde im Inland seinen Wohnsitz hat. Von Gesellschaftsverträgen und Gesellschaftsbeschlüssen der in Tarifnummer 1 unter A a, b, c bezeichneten Art gelten die vorstehenden Vorschriften nur soweit, als sich nicht aus den Vorschriften des Tarifs etwas anderes ergibt.

2. Im § 1, künftig § 1 a, Abs. 1 Satz 1 ist hinter dem Worte „Errichtung" einzufügen[2]):

---

[1]) Im Reichsstempelgesetze fehlte es bisher an einer hinreichend genauen Abgrenzung des Geltungsgebiets der Vorschriften für den Gesellschaftsstempel. Der vorgeschlagene § 1 regelt diese Frage in Anlehnung an die entsprechenden Vorschriften im § 2 des preußischen und § 2 Abs. 5 des Kgl. Sächsischen Stempelsteuergesetzes vom 12. Januar 1909.

[2]) Der Zusatz ist zur Regelung des Falles notwendig, daß im Inland Gesellschaftsverträge der in Tarifnummer 1 A e bezeichneten Art geschlossen werden, die sich auf Rechte am Vermögen einer ausländischen Gesellschaft oder auf Rechte

„bei Fällen der im Abs. 2 der Vorschrift „Erhöhung“ zu Tarifnummer 1 Ab und in Zusatz 4 zu Tarifnummer 1 Aa, b bezeichneten Art binnen zwei Wochen nach Entritt der Steuerpflicht, bei Fällen der in Zusatz 5 zu Tarifnummer 1 Aa, b bezeichneten Nachschüsse binnen zwei Wochen nach der die Einforderung der Nachschlüsse betreffenden Beschlußfassung“.

3. Im § 3 Abs. 1 wird am Schlusse folgender Satz hinzugefügt:

Hat die Gesellschaft auch keine Zweigniederlassung im Inland, so ist für die Erhebung der Abgabe die Steuerstelle zuständig, in deren Bezirk der Gesellschaftsvertrag oder der Gesellschaftsbeschluß beurkundet oder vorgelegt worden ist, oder in deren Bezirk der Gegenstand (§ 1) sich befindet, oder der Beteiligte seinen Wohnsitz hat oder das Geschäft zu erfüllen ist.

Im § 3 Abs. 2 hat die Klammer „(§ 1 Abs. 2)“ zu lauten „(§ 1a Abs. 2)“.

Im § 3 Abs. 4 ist das Komma hinter „Aktien“ zu streichen und die Worte „Genußscheine sowie Interimsscheine“ durch die Worte „sowie Zwischenscheine“ zu ersetzen.

4. Im § 6 Abs. 1 werden die Worte „die Errichtung ..... bis .... zum Gegenstande haben“ durch folgende Worte ersetzt[1]):

---

oder Sachen einer ausländischen Gesellschaft beziehen, oder daß die Urkunde im Ausland über Gegenstände der im neuen § 1 bezeichneten Art errichtet ist.

[1]) Zur Nr. 4. Die Erweiterung der Mitteilungspflicht der Handelsregistergerichte soll die Entrichtung der Stempelabgabe auch von solchen nicht gerichtlich oder notariell beurkundeten Gesellschaftsverträgen sicherstellen, die Gegenstände der in Tarifnummer 1 A e bezeichneten Art betreffen. Insbesonder

die Errichtung von Aktiengesellschaften, Kommanditgesellschaften auf Aktien oder Gesellschaften mit beschränkter Haftung oder die Erhöhung des Grund- oder Stammkapitals solcher Gesellschaften oder die Errichtung von offenen Handelsgesellschaften oder Kommanditgesellschaften oder die Auflösung von Gesellschaften oder den Eintritt eines neuen Gesellschafters oder das Ausscheiden eines Gesellschafters einer offenen Handelsgesellschaft, einer Kommanditgesellschaft oder eines persönlich haftenden Gesellschafters einer Kommanditgesellschaft auf Aktien zum Gegenstande haben.

Art. 10. § 7 Abs. 5 erhält folgende Fassung[1]):

Betrifft eine nach Tarifnummer 1 A d, e 2 abgabepflichtige Urkunde ein Geschäft, das nach

---

bei den privatschriftlichen Auseinandersetzungsverträgen, die der Auflösung offener Handelsgesellschaften oder Kommanditgesellschaften oder dem Wechsel unter den Gesellschaftern zugrunde liegen, handelt es sich zum großen Teil um bedeutende Wertumsätze und es sind deshalb in Erkenntnis des erheblichen steuerlichen Interesses in einzelnen Bundesstaaten bereits im Wege dienstlicher Anordnung die Registergerichte zu den bezeichneten Mitteilungen angewiesen worden.

[1]) In einem Urteil des 7. Zivilsenats des Reichsgerichts vom 5. Juni 1917 (Entscheidungen in Zivilsachen Bd. 90 S. 297) ist eine Anrechnung des nach dem bisherigen Abs. 2 der Tarifnummer 4 a des Reichsstempelgesetzes fällig gewordenen Anschaffungsstempels gemäß § 7 Abs. 5 des Gesetzes auch auf die Stempelabgabe der Tarifnummer 1 A a für zulässig erklärt worden, wenn die Ausreichung der neuen Aktien im Erhöhungsbeschlusse als ein Bestandteil des Erhöhungsgeschäftes beurkundet worden ist. Indessen konnte die Absicht bei Erlaß des auf dem Gesetz vom 3. Juli 1913 beruhenden § 7 Abs. 5 nur auf eine Anrechnung des Anschaffungsstempels auf die Stempelabgabe nach Tarifnummer 1 A d, e gehen, da nur insoweit

Tarifnummer 4a abgabepflichtig ist, so ist die Abgabe nur einmal, und zwar nach derjenigen Tarifnummer zu entrichten, die den höheren Abgabenbetrag ergibt. Ist hiernach die Tarifnummer 4a anzuwenden, so ist die Urkunde von der Abgabe nach Tarifnummer 1 A d, e 2 nur befreit, wenn in sie ein Vermerk darüber aufgenommen ist, daß sich über das Geschäft eine versteuerte Schlußnote mit zu bezeichnender Nummer und Angabe des verwendeten Stempels in den Händen der Beteiligten befinde.

Art. 11. § 8 erhält folgende Fassung:

Hinsichtlich der vor dem 1. August 1918 vorgenommenen Beurkundung der Errichtung von Gesellschaften usw. der in Tarifnummer 1 unter A bezeichneten Art und der vor diesem Zeitpunkt eingetretenen daselbst bezeichneten Kapitalerhöhungen sowie hinsichtlich der aus Anlaß der beurkundeten Errichtung oder Kapitalerhöhung ausgegebenen Aktien, Aktienanteilscheine, Anteilscheine oder Zwischenscheine bewendet es bei den bisherigen Gesetzen, sofern der Gesellschaftsvertrag oder Gesellschaftsbeschluß vor dem 16. April 1918 beurkundet ist.

Soweit bei vor dem 1. Oktober 1913 beurkundeten Gesellschaftsverträgen das Reichs-

---

eine Doppelbesteuerung desselben Rechtsvorganges als vorliegend angenommen werden konnte. Artikel 11 schränkt daher die Anwendung des § 7 Abs. 5 auf diese Fälle ein. Da indessen nach der jetzigen Fassung der Tarifnummer 4 a der nach dieser geschuldete Stempel unter Umständen höher ist, als der nach Tarifnummer 1 A d, e geschuldete Stempel, war nunmehr die Vorschrift dahin zu fassen, daß die Abgabe zwar nur einmal, aber nach derjenigen Tarifnummer zu entrichten ist, die den höheren Abgabenbetrag enthält.

stempelgesetz vom 3. Juli 1913 anwendbar wäre, finden hinsichtlich der seit dem 1. August 1918 erfolgenden Einzahlungen die Vorschriften des vorliegenden Gesetzes Anwendung.

Art. 12. In der Überschrift vor § 10 des Reichsstempelgesetzes sind die Worte „Renten- und Schuldverschreibungen" zu ersetzen durch die Worte „Schuld- und Rentenverschreibungen, Genußscheine". Im § 11 Abs. 1 des Reichsstempelgesetzes wird Satz 1 gestrichen. In Satz 2 werden die Worte „Wer dies unterläßt oder wer" durch das Wort „Wer" ersetzt[1]).

Art. 13. § 14 Abs. 1 des Reichsstempelgesetzes erhält folgende Fassung:

Bezüglich der vor dem 1. August 1918 ausgegebenen inländischen und mit dem Reichsstempel versehenen ausländischen Wertpapiere der in Tarifnummer 1 unter B, C bis 3 bezeichneten Art, der vor diesem Zeitpunkt auf Anteilscheine gewerkschaftlich betriebener Bergwerke ausgeschriebenen Einzahlungen sowie bezüglich der vor dem 1. August 1918 ausgestellten unter Tarifnummer 2 Zusatz 3 fallenden Erklärungen bewendet es bei den bisherigen Vorschriften. Soweit jedoch nach diesem Zeitpunkt Einzahlungen auf die inländischen Wertpapiere und Schuldverhältnisse geleistet werden, finden die neuen Vorschriften Anwendung, jedoch unter Anrechnung des bereits vorher verwendeten Stempels.

---

[1]) Der vom Artikel 13 herangezogene § 11 Abs. 1 Satz 1 betrifft die Anmeldepflicht der vom Ausland in das Inland eingebrachten Wertpapiere. Diese Bestimmung wurde entbehrlich, weil jetzt nach dem Gesetz die Steuerpflicht erst eintritt, sobald mit dem eingebrachten Papier ein Rechtsgeschäft gemacht wird.

Im § 14 Abs. 3 Satz 1 sind die Worte „steuerfrei ins Inland einzubringen" durch die Worte „steuerfrei abstempeln zu lassen" zu ersetzen.

Art. 14. 1. § 15 des Reichsstempelgesetzes erhält folgenden zweiten Satz[1]):

Sind nach dem 31. Juli 1909 Gewinnanteilscheinbogen oder Zinsbogen zur Erneuerung von nach dem 31. Juli 1918 ablaufenden Gewinnanteilscheinbogen oder Zinsbogen vor diesem Zeitpunkt ausgegeben, so finden die Vorschriften dieses Gesetzes Anwendung. Die näheren Bestimmungen trifft der Bundesrat.

2. § 16 Abs. 1 wird gestrichen[2]).

Art. 15. 1. Im § 17 Satz 1 des Reichsstempelgesetzes werden hinter den Worten „Kommanditgesellschaften auf Aktien" die Worte eingefügt „sowie Kolonialgesellschaften und ihnen gleichgestellte Gesellschaften".

---

[1]) Nach § 15 des Reichsstempelgesetzes finden nach näherer Bestimmung des Bundesrats auf die in Tarifnummer 3 A bezeichneten Urkunden die vorhergehenden Vorschriften, insbesondere also auch die des § 14 Abs. 1, Anwendung, d. h. es bewendet bezüglich der vor dem 1. August 1918, also auch bezüglich der vor dem 1. August 1909 ausgegebenen Gewinnanteilschein- und Zinsbogen bei den bisherigen Vorschriften. Einer Weiterführung der Nr. 4 der Befreiungen zu Tarifnummer 3 A bedurfte es daher nicht. Sie ist deshalb nach Artikel 5 gestrichen. Der dem § 15 neu hinzugefügte Satz 2 soll verhindern, daß zur Ersparung der für Gewinnanteilscheinbogen vorgeschriebenen Abgabenerhöhung eine vorzeitige Erneuerung von erst unter den neuen Vorschriften ablaufenden Gewinnanteilscheinbogen stattfindet.

[2]) Der § 16 Abs. 1 betraf eine Übergangsvorschrift für Gewinnanteilscheinbogen, die in der Zeit bis 1. Oktober 1914 ausgegeben wurden. Diese Übergangsvorschrift des § 16 Abs. 1 ist als vollständig erledigt gestrichen.

2. § 17 erhält folgenden Abs. 2:

Werden zu den unter Tarifnummer 2 fallenden Wertpapieren oder einer nach Zusatz 3 daselbst stempelpflichtigen Schuld Zinsbogen nicht ausgegeben, so finden die vorstehenden Vorschriften entsprechende Anwendung. Für den Beginn der zehnjährigen Zeiträume ist der Tag der Ausgabe der Wertpapiere und in Ermangelung einer Ausgabe der Tag der Beurkundung des Schuldverhältnisses maßgebend[1]).

Art. 16. § 19 Abs. 4 des Reichsstempelgesetzes erhält folgenden Zusatz[2]):

Die erforderlichen Überwachungsvorschriften erläßt der Bundesrat.

---

[1]) Zu Nr. 2. Zur Ersparung des Zinsbogenstempels ist in Fällen, in denen die Schuldverschreibungen zu festen Kapitalanlagen, insbesondere von Stiftungen, gemeinnützigen Anstalten usw., verwendet worden sind, im Wege der Vereinbarung mit dem Schuldner nicht selten von einer Erneuerung der Zinsbogen abgesehen worden, so daß die Zinsen zu den fälligen Terminen weiterhin nur gegen Quittung ausgezahlt werden. Ebenso erübrigt sich die Ausgabe von Zinsbogen in den in Tarifnummer 2 Zusatz 3 aufgeführten Fällen. Neben der Absicht, den Effektenstempel zu sparen, hat daher vor allem auch die Absicht, den Zinsbogenstempel zu sparen, von selbst dazu geführt, die Einrichtung von Schuldbüchern oder ähnlichen Einrichtungen zu erweitern. Es erscheint somit zur Vermeidung erheblicher Einnahmeausfälle geboten, die im § 17 für den Fall, daß keine Gewinnanteilscheine ausgegeben werden, vorgesehene Ersatzabgabe auch für den Fall der Nichtausstellung von Zinsbogen einzuführen.

[2]) Mißbräuchliche Inanspruchnahme der Vergünstigung des § 19 Abs. 4 für „an Aufgabe“ geschlossene Geschäfte läßt es geboten erscheinen, dem Bundesrate die Ermächtigung zu erteilen, die Vergünstigung von der Einhaltung gewisser Sicherungsmaßnahmen abhängig zu machen.

Art. 17. § 23 Abs. 2 des Reichsstempelgesetzes erhält folgende Fassung[1]):

Wird bei Kommissionsgeschäften für einen auswärtigen Kommittenten, der als Kommissionär eines Dritten handelt, die Schlußnote mit dem Zusatz „in Kommission" ausgestellt, so erfordert das Abwicklungsgeschäft mit dem Dritten die Abgabe nur noch insoweit, als dieses Geschäft einem höheren Stempel als dem für das Geschäft zwischen den beiden Kommissionären verwendeten unterliegen würde. Die Ermäßigung oder Befreiung ist davon abhängig, daß der Kommissionär des Dritten die Schlußnote mit dem Vermerke versieht, daß sich eine versteuerte, über denselben Betrag oder dieselbe Menge und denselben Preis lautende Schlußnote mit zu bezeichnender Nummer (§ 26) in seinen Händen befindet.

Art. 18. § 24 des Reichsstempelgesetzes erhält folgende Fassung[2]):

---

[1]) Bei Kommissionsgeschäften für einen auswärtigen Kommittenten, der als Kommissionär eines Dritten handelt, bleibt nach dem bisherigen § 23 Abs. 2 des Reichsstempelgesetzes unter der Voraussetzung der Beobachtung der hier vorgeschriebenen Sicherungsmaßregeln die Abwickelungsschlußnote zwischen dem Kommissionär und dem Dritten frei. Die Absicht der neuen Besteuerungsvorschriften, die Geschäfte des Publikums mit einer wesentlich erhöhten Abgabe zu treffen, macht es notwendig, vorzuschreiben, daß zu der bisher steuerfrei ausgestellten Schlußnote der Unterschied zwischen dem höheren und niederen Stempel verwendet wird, wenn die Schlußnote zwischen den beiden Kommissionären nur dem ermäßigten Stempel unterlegen hat.

[2]) Die veränderte Fassung des § 24 spricht einmal aus, daß der Kommissionär bei den sogenannten **Kompensationsgeschäften** die weitere Abgabe in Höhe der **Hälfte** des ermäßigten **Tarifsatzes** zu entrichten hat, und erstreckt zum anderen die

Führt der Kommissionär an demselben Tage eine Einkaufskommission und eine Verkaufskommission über Wertpapiere derselben Gattung durch Eintritt als Selbstkontrahent aus, so ist für jedes der beiden Geschäfte, insoweit sie sich ausgleichen, neben der tarifmäßigen Abgabe eine weitere Abgabe in Höhe der Hälfte des Tarifsatzes, und zwar bei Tarifnummer 4a 1 bis 5 des ermäßigten, zu entrichten, es sei denn, daß der Kommissionär zur Deckung eines der beiden Aufträge ein abgabepflichtiges Geschäft mit einem Dritten abgeschlossen hat. Die Vorschriften über die Erhebung der weiteren Abgabe und über die zur Sicherung dieser Erhebung erforderlichen Maßregeln, insbesondere über die Art der Buchführung, werden vom Bundesrate getroffen.

Hat im Falle der Tarifnummer 4a, Ermäßigungen unter 1, einer der Vertragschließenden ein Geschäft der unter Tarifnummer 4a, 5 bezeichneten Art im eigenen Namen aber für gemeinschaftliche Rechnung abgeschlossen und gehört ein Teilhaber am Geschäft nicht zu den in der Ermäßigungsvorschrift bezeichneten Personen, so hat der Vertragschließende nach Maßgabe der Beteiligung zu der ihm ausgehändigten oder von ihm zurückbehaltenen versteuerten Schlußnotenhälfte eine weitere Abgabe von $^{15}/_{20}$ vom Tausend zu entrichten. Die Abgabe ist auf volle 10 Pfennig nach oben abzurunden.

Verpflichtung zur Entrichtung der weiteren Abgabe auch auf die Fälle, in denen ein Bankgeschäft Käufe und Verkäufe über Wertpapiere derselben Gattung am selben Tage mit verschiedenen Personen über die Tafel abschließt.

Hat ein Bankgeschäft ein Geschäft mit einem auswärtigen Kunden durch Vermittlung einer auswärtigen inländischen Geschäftsstelle im eigenen Namen und für eigene Rechnung abgeschlossen, so ist zu dem Geschäft eine weitere Abgabe in Höhe der Hälfte der Tarifsätze der Vorschrift „Ermäßigungen" Nr. 1 in Tarifnummer 4a zu entrichten. Die näheren Bestimmungen über die Art der Entrichtung trifft der Bundesrat.

Art. 19. Hinter § 26 werden folgende Vorschriften eingestellt:

§ 26a. Der Bundesrat kann unter den erforderlichen Sicherungsmaßnahmen zulassen, daß Personen, die gewerbsmäßig Geschäfte in Wertpapieren, sei es für eigene Rechnung oder als Kommissionär oder als Vermittler betreiben, von der Verpflichtung zur Ausstellung von Schlußnoten entbunden und berechtigt werden, die Abgabe auf Grund eines Steuerbuchs, in das die abgabepflichtigen Geschäfte täglich einzutragen sind, an die örtlich zuständige Steuerstelle in bestimmten Zeitabschnitten abzuführen (Abrechnungsverfahren). Er bestimmt, ob und in welcher Weise Personen, die nach § 20 Abs. 2 neben dem zunächst zur Entrichtung der Abgabe Verpflichteten Gesamtschuldner der Abgabe sind, im Falle des Abrechnungsverfahrens für die Abgabe haften.

Der Bundesrat bestimmt ferner, unter welchen Voraussetzungen im Abrechnungsverfahren die Befreiung von der Abgabe oder deren Ermäßigung in den Fällen des § 23 Abs. 2, 3 und des § 25

Abs. 2 eintritt, sowie in welcher Weise die weitere Abgabe im Falle des § 24 zu entrichten ist.

Art. 20. Im § 30 des Reichsstempelgesetzes werden die Worte „keinen Stempelabgaben (Taxen, Sporteln usw.) unterworfen" ersetzt durch die Worte „nur solchen Stempelabgaben (Taxen, Sporteln usw.) unterworfen, die sich aus der Art der Gegenleistung ergeben" [1]).

Art. 21. Im § 31 Abs. 1 des Reichsstempelgesetzes werden hinter den Worten „Angaben macht" folgende Worte eingefügt „oder wer den auf Grund des § 26a vom Bundesrat erlassenen Bestimmungen zuwiderhandelt".

Im § 31 Abs. 2 des Reichsstempelgesetzes werden die Worte „eine Geldstrafe von zwanzig bis fünftausend Mark" ersetzt durch die Worte „eine Geldstrafe von einhundertfünfzig bis einhunderttausend Mark" [2]).

Art. 22. § 72 des Reichsstempelgesetzes erhält folgende Fassung:

---

[1]) Wenn die Hingabe von Wertpapieren lediglich die Gegenseite eines auf einen anderen Rechtsinhalt gerichteten Rechtsgeschäfts ist, z. B. die Gegenleistung für die Begründung einer Leibrente oder einen Grundstücksverkauf darstellt, liegt kein Grund vor, für dieses andere Geschäft die Erhebung des Landesstempels auszuschließen. § 30 des Entwurfs läßt hiernach die letztere insoweit zu, als die Landesstempelabgabe sich aus der Art der Gegenleistung ergibt.

[2]) Die Geringfügigkeit der bisher im § 31 des Reichsstempelgesetzes angedrohten Höchststrafe von 5000 ℳ einerseits und die in Frage stehenden oft sehr hohen Reichsstempelabgaben anderseits haben schon bisher in der Praxis nicht selten unerwünschte Beschränkungen nach sich gezogen. Eine Erhöhung der angedrohten Strafe erscheint nunmehr auch schon mit Rücksicht auf die Erhöhung der Steuersätze geboten.

Die in Tarifnummer 9 genannten Gesellschaften haben bei Aufstellung der Jahresbilanz eine besondere Aufstellung anzufertigen, aus der zu ersehen ist die Summe der gesamten Vergütungen (Gewinnanteile, Tantiemen, Gehälter, Tagegelder, Reisegelder usw. [Abs. 3 Tarifnummer 9]), die den zur Überwachung der Geschäftsführung bestellten Personen (Mitgliedern des Aufsichtsrats, des Grubenvorstandes usw.) seit der letzten Bilanzaufstellung gewährt worden sind.

Art. 23. Hinter § 75 des Reichsstempelgesetzes werden folgende Vorschriften eingestellt[1]):

IX. Geldumsätze.

(Tarifnummer 10.)

§ 76. Wer im Inland Geschäfte betreibt, die der Anschaffung und der Darleihung von Geld dienen, hat sein Geschäftsunternehmen nebst den

---

[1]) Zum § 83e. Die Verpflichtung zur Entrichtung der Abgabe besteht nur für Personen, deren Geschäftsbetriebe auf die Anschaffung und Darleihung von Geld eingestellt ist. Es ist aber nicht erforderlich, daß die Nutzung der hereingenommenen Gelder ausschließlich in der Wiederausleihung bestehen müsse. Sie kann z. B. ebensowohl in Konsortialgeschäften wie in der Diskontierung von Wechseln bestehen. Auch kommt es nicht darauf an, auf welche Weise und unter welchem Rechtstitel die zu verzinsenden Gelder hereingenommen worden sind. Depositen-, Spareinlage-, Kontokorrentverkehr werden die Hauptanwendungsfälle bilden. Ob für die Rückgabe der hereingenommenen Gelder Sicherheit zu leisten ist oder nicht, macht für die Steuerpflicht gleichfalls keinen Unterschied. Sie besteht also auch z. B. für Lombarddarlehen, die eine Bank aufgenommen hat. Unter Entrichtung der Passivzinsen ist nicht nur die Barzahlung, sondern auch die Gutschrift zu verstehen.

sämtlichen Zweigstellen bis zu einem von der obersten Landesfinanzbehörde oder der von ihr bezeichneten Behörde zu bestimmenden Zeitpunkt oder wenn das Unternehmen oder eine Zweigstelle am 1. August 1918 noch nicht bestanden hat, binnen zwei Wochen nach Eröffnung des Betriebs der Steuerstelle schriftlich anzuzeigen.

Er hat demnächst der Steuerstelle jeweilig binnen vier Monaten nach Ablauf des Geschäftsjahrs oder nach Auflösung des Geschäfts den Gesamtbetrag derjenigen Zinsen anzumelden, die er bei den Geldumsätzen im Laufe des Geschäftsjahrs oder bis zur Auflösung des Geschäfts für Einlagen, für Guthaben in laufender Rechnung, für sonstige als tägliches Geld oder auf feste Termine oder auf Kündigung oder auf andere Weise im Geschäftsbetriebe hereingenommene Geldbeträge berechnet hat (Habenzinsen).

Zinsen für Geldbeträge, die durch Begebung eigener Wertpapiere (Schuldverschreibungen, Pfandbriefe, Hypothekenpfandbriefe, Kommunalobligationen) gegen Begründung von Schuldbuchforderungen durch Veräußerung verzinslicher und unverzinslicher Schatzanweisungen des Reichs und der Bundesstaaten sowie durch Veräußerung von Wechseln hereingenommen werden, unterliegen der Anmeldung nicht.

Der Steuerpflichtige hat über die berechneten Soll- und Habenzinsen in der Art Buch zu führen, daß aus ihm der Betrag der steuerpflichtigen Habenzinsen errechnet werden kann. Läßt sich aus der Art der gewählten Buchführung der Betrag der steuerpflichtigen Habenzinsen nur mit einer unverhältnismäßigen Mühewaltung für den Steuerpflichtigen feststellen, so kann die

Direktivbehörde auf Antrag die Entrichtung der Abgabe im Wege einer jährlichen Abfindung gestatten.

Für die Anmeldungen kann ein besonderes Muster vorgeschrieben werden.

§ 77. Mit der Anmeldung ist die Abgabe gleichzeitig bei der Steuerstelle einzuzahlen.

Der Bundesrat kann vorschreiben, daß die Abgabe durch Verwendung von Stempelzeichen zu den einzureichenden Anmeldungen zu verwenden ist.

Die Abgabepflicht tritt mit dem Ablauf des Zeitraums, für den die Abgabe zu entrichten ist, ohne Rücksicht auf die Anmeldung ein.

Hat in einem Jahre der Gesamtbetrag der Zinsen 100000 Mark überstiegen, so ist auf die für das folgende Geschäftsjahr fällig werdende Steuer nach einem halben Jahre eine Abschlagszahlung von 50 vom Hundert der vorher gezahlten Abgabe zu entrichten.

§ 78. Wer den §§ 76, 77 zuwiderhandelt oder über die von ihm verausgabten Zinsen wissentlich unrichtige Angaben macht oder von Abs. 5 der Befreiungen der Tarifnummer 10 widerrechtlich Gebrauch macht, hat eine Geldstrafe verwirkt, die dem zehnfachen Betrage der hinterzogenen Abgaben gleichkommt. Kann der Betrag der hinterzogenen Abgabe nicht festgestellt werden, so tritt Geldstrafe von einhundertfünfzig Mark bis einhunderttausend Mark ein.

Art. 24. 1. § 111 des Reichsstempelgesetzes erhält folgende Fassung:

Zuwiderhandlungen gegen die Vorschriften dieses Gesetzes oder gegen die zu dessen Ausführung erlassenen Vorschriften, die im Gesetze mit keiner besonderen Strafe belegt sind, ziehen eine Ordnungsstrafe bis zu einhundertfünfzig Mark nach sich.

Dieselbe Strafe tritt ein, wenn in den Fällen der §§ 9, 11, 31, 39, 49, 57, 70, 75, 78, 83c Abs. 1, 94 und 103 aus den Umständen sich ergibt, daß eine Steuerhinterziehung nicht hat verübt werden können oder nicht beabsichtigt worden ist.

2. Dem § 112 Abs. 1 des Reichsstempelgesetzes tritt folgende Vorschrift als Schlußsatz hinzu[1]):

Die Gesellschaften und Genossenschaften haften für die von ihren Vertretern verwirkten Geldstrafen und die Kosten des Strafverfahrens sowie für die nachzuzahlende Abgabe.

Art. 25. Im § 116 Abs. 2 des Reichsstempelgesetzes ist als Satz 2 folgende Vorschrift aufzunehmen:

---

[1]) Nach § 112 Abs. 1 Satz 1 und 2 des Reichsstempelgesetzes ist eine bei einer Gesellschaft, Genossenschaft oder sonstigen Körperschaft zu verhängende Strafe gegen den Vorstand auszusprechen. Er allein ist strafrechtlich für etwaige bei seiner Firma festgestellte Zuwiderhandlungen verantwortlich. Die Beitreibung von Strafen konnte daher bisher immer nur gegen ihn persönlich erfolgen, und das Vermögen der Gesellschaft blieb hiervon gänzlich unberührt. Gerade ganz hohe Strafen, an deren Einzahlung ein besonderes fiskalisches Interesse besteht, wird der Vorstand selten in voller Höhe zu entrichten vermögen, ganz abgesehen davon, daß es oft versucht wird und auch gelingt, das persönliche Vermögen so zu verschieben, daß ein Beitreibungsversuch keinen oder nur geringen Erfolg hätte. Der hieraus entstehenden Benachteiligung des Fiskus soll durch den vorgeschlagenen Zusatz vorgebeugt werden.

Inwieweit die im § 76 bezeichneten Steuerpflichtigen der Prüfung in bezug auf die Abgabenentrichtung nach Tarifnummer 10 und nach §§ 76, 77 unterliegen, bestimmt der Bundesrat.

Dem § 122 Abs. 1 des Reichsstempelgesetzes wird als Satz 2 folgende Vorschrift angefügt:

Hinsichtlich der Einnahme aus der Besteuerung der Geldumsätze kann der Bundesrat eine andere Verteilung der Verwaltungskostenvergütung von 2 vom Hundert unter die Bundesstaaten anordnen.

Art. 26. Werden vor dem Inkrafttreten dieses Gesetzes angeschaffte Wertpapiere der in Tarifnummer 1C bezeichneten Art in das Inland eingeführt, so beträgt die Stempelabgabe bis zum Ablauf von sechs Monaten nach Beendigung des gegenwärtigen Kriegszustandes 3 vom Hundert.

Für die Dauer des gegenwärtigen Kriegszustandes beträgt für Geschäfte der in Tarifnummer 4a, 5 bezeichneten Art der Steuersatz 3 vom Tausend. Der Bundesrat kann für diese Zeit den Steuersatz bis auf 2 vom Tausend ermäßigen oder ihn auf 4 vom Tausend erhöhen. Die im § 24 Abs. 2 vorgeschriebene weitere Abgabe beträgt bei einem Steuersatze von 3 vom Tausend $^{25}/_{20}$, bei einem Steuersatze von 4 vom Tausend $^{35}/_{20}$ vom Tausend.

Der Zeitpunkt, mit welchem der Kriegszustand als beendet anzusehen ist, wird durch Kaiserliche Verordnung bestimmt.

Art. 27. Dieses Gesetz tritt mit dem 1. August 1918 in Kraft.

Die im § 76 des Reichsstempelgesetzes angeordnete Abgabe ist erstmalig von den für die Zeit nach dem 30. Juni 1918 bis zum Schlusse des Geschäftsjahrs berechneten Habenzinsen zu entrichten. Für die Anwendung der Steuerstufen sind der Gesamtbetrag der in dem Geschäftsjahr berechneten Habenzinsen und die Zeitfolge, in der die Zinsverbindlichkeiten entstanden sind, maßgebend.

Urkundlich unter Unserer Höchsteigenhändigen Unterschrift und beigedrucktem Kaiserlichen Insiegel.

Gegeben Großes Hauptquartier,
den 26. Juli 1918.

(Siegel.) Wilhelm

Dr. Graf von Hertling.

Gesetz zur Änderung des Wechselstempelgesetzes.

Vom 26. Juli 1918 (RGBl. 830).

Wir Wilhelm, von Gottes Gnaden Deutscher Kaiser, König von Preußen usw.
verordnen im Namen des Reichs, nach erfolgter Zustimmung des Bundesrats und des Reichstags, was folgt:

Art. 1. § 3 Abs. 1 des Wechselstempelgesetzes vom 15. Juli 1909 (Reichs-Gesetzbl. S. 825) erhält folgende Fassung:

Die Stempelabgabe beträgt:

von einer Summe

von 250 Mark und weniger	.....	0,15 Mark
über 250 bis 500 Mark	....	0,30 „
„ 500 „ 750 „	....	0,45 „
„ 750 „ 1000 „	....	0,60 „

und von jeden ferneren 1000 Mark der Summe 0,60 Mark mehr, dergestalt, daß jedes angefangene Tausend für voll gerechnet wird.

Art. 2. § 7 Abs. 1 erhält folgende Fassung:

Die Entrichtung der Stempelabgabe (§ 3 Abs. 1) muß erfolgen, ehe ein inländischer Wechsel von dem Aussteller, ein Blankoakzept von dem Akzeptanten, ein ausländischer Wechsel von dem ersten inländischen Inhaber (§ 6) aus den Händen gegeben wird.

Art. 3. Dieses Gesetz tritt mit dem 1. August 1918 in Kraft. Für die vor diesem Zeitpunkt ausgestellten Urkunden bewendet es insoweit bei den bisherigen Vorschriften, als die Abgaben vorher fällig geworden sind.

Urkundlich unter Unserer Höchsteigenhändigen Unterschrift und beigedrucktem Kaiserlichen Insiegel.

Gegeben Großes Hauptquartier,
den 26. Juli 1918.

(Siegel.) Wilhelm
Dr. Graf von Hertling.

Bekanntmachung über die Befreiung von der Entrichtung des Stempels nach § 83a des Reichsstempelgesetzes in der Fassung des Warenumsatzsteuergesetzes vom 26. Juni 1916.

Vom 26. Juni 1918 (RGBl. 698).

Der Bundesrat hat auf Grund des § 3 des Gesetzes über die Ermächtigung des Bundesrats zu wirtschaftlichen Maßnahmen usw. vom 4. August 1914 (Reichs-Gesetzbl. S. 327) folgende Verordnung erlassen:

§ 1. Bei der Übertragung des Eigentums an Gegenständen des Kriegsbedarfs und an Gegenständen, die bei der Herstellung oder dem Betriebe von Kriegsbedarfsartikeln zur Verwendung gelangen können, gemäß der Verordnung über die Sicherstellung von Kriegsbedarf in der Fassung der Bekanntmachung vom 26. April 1917 (Reichs-Gesetzbl. S. 375) wird die Stempelabgabe nach § 83a des Reichsstempelgesetzes in der Fassung des Warenumsatzstempelgesetzes vom 26. Juni 1916 (Reichs-Gesetzbl. S. 639) nicht erhoben.

§ 2. Soweit Stempelbeträge im Sinne des § 1 bereits vor dem Inkrafttreten dieser Verordnung fällig geworden, jedoch bisher nicht entrichtet worden sind, unterbleibt eine Nacherhebung oder die Einleitung eines Strafverfahrens.

Berlin, den 26. Juni 1918.

Der Reichskanzler.
J. A.: Schiffer.

Gesetz gegen die Steuerflucht.

Vom 26. Juli 1918 (RGBl. S. 951).

Vorbemerkungen.

Die Bestrebungen, sich der bereits jetzt und wahrscheinlich auch noch während der nächsten Jahrzehnte nach dem Kriege sehr hohen Steuerbelastung durch Verlegung des Wohnsitzes in das Ausland zu entziehen, sind bald nach Ausbruch des Krieges hervorgetreten und haben bereits im § 12 des Kriegssteuergesetzes vom 21. Juni 1916 zu gewissen Maßnahmen zur Sicherung der Kriegssteuer geführt, welche Maßregeln dann auch durch Gesetz vom 9. April 1917 (RGBl. 351) auf die Sicherung „einer künftigen Kriegssteuer" ausgedehnt worden sind. Allein diese Maßnahmen genügten nicht, denn vor allem bestand bisher keinerlei Sicherung vor der Flucht vor den künftigen hohen Staats- und Gemeindesteuern. Derartige Bestrebungen, sich ganz allgemein den direkten Steuern durch Flucht besonders in das neutrale Ausland zu entziehen, werden nach dem Kriege um so mehr hervortreten, als voraussichtlich die neutral gebliebenen Staaten mit wesentlich geringeren Steuererhöhungen zu rechnen haben werden. Solchen Entziehungsbestrebungen entgegenzutreten ist aber das gemeinsame Interesse von Reich, Bundesstaaten und Gemeinden. Zwar finden sich in der Reichs- und Landesgesetzgebung Ansätze, die Steuerpflicht bisher im Inland unbeschränkt steuerpflichtig gewesener Personen nach der Aufgabe des inländischen Wohnsitzes oder Aufenthalts fortdauern zu lassen. So unterliegen z. B. der Besitzsteuer auch diejenigen Angehörigen des Deutschen Reichs, die sich noch nicht länger als zwei Jahre dauernd im Ausland aufhalten. Nach dem Kriegssteuergesetz entfiel die Pflicht zur Entrichtung der Kriegssteuer nicht dadurch, daß ein Steuerpflichtiger vor dem Stichtag (1. Januar 1917) seinen inländischen Wohnsitz oder Aufenthalt aufgegeben hatte. Eine Reihe von Bundesstaaten ziehen ihre Staatsangehörigen noch zwei Jahre nach der Aufgabe des inländischen Wohnsitzes oder Aufenthalts zu Einkommen- und Vermögenssteuern heran. Immerhin handelt es sich hierbei um singuläre Bestimmungen, deren Durchführung überdies bei der Verschiedenheit der Steuergesetze nicht einheitlich erfolgen kann und wegen der fehlenden Verpflichtung zur Sicherheitsleistung auch sonst auf Schwierigkeiten stößt. In Anbetracht dieser Umstände hat sich das Reich der Sache angenommen. Als Grundlage der Bekämpfung der Steuerflucht hat das Gesetz die Fortdauer der Steuerpflicht angenommen. Das Gesetz bestimmt im § 1, daß die Angehörigen des Deutschen Reichs, die ihren dauernden Aufenthalt im Inland aufgeben, auch noch nach Kriegsschluß auf dem Gebiete der Personalsteuern in Reich, Staat und Gemeinde steuerpflichtig bleiben. Die Fortdauer der Steuerpflicht bezieht sich also, solange das Gesetz in Kraft bleibt, auf alle während der nächsten Jahre zur Veranlagung kommenden direkten Reichs-, Staats- und Gemeindesteuern. Bisherige weitergehende Bestimmungen der Landesgesetze, nach denen die Steuerpflicht etwa länger nach dem Verlassen des Staatsgebiets bestehen bleibt, als das Reichsgesetz gilt, bleiben jedoch aufrechterhalten. Wandert z. B. ein Preuße im vierten Jahre nach Schluß des Krieges aus, so ist er jedenfalls noch ein Jahr auf Grund des Reichsgesetzes und ein weiteres Jahr auf Grund des preußischen Einkommensteuergesetzes in Preußen einkommensteuerpflichtig. Es ist den Bundesstaaten aber auch freigelassen, künftig anderweitige Bestimmungen zu treffen, z. B. die Fortdauer der Steuerpflicht ganz auszuschließen.

Die bloße Bestimmung der Fortdauer der Steuerpflicht reicht aber noch nicht aus. Ist der Steuerpflichtige erst einmal im Ausland und weigert er sich, die fällig gewordenen Steuern zu zahlen, dann würde der Fiskus in der Regel den ihm zustehenden Anspruch nicht verwirklichen können, da in solchen Fällen regelmäßig Vermögen des Steuerschuldners nicht mehr im Inland sein wird. Daher ist bestimmt, daß der Steuerpflichtige vor der Aufgabe des inländischen Aufenthalts Sicherheit in Höhe von zwanzig vom Hundert seines Vermögens leisten muß.

Aber auch die Bestimmung über die Verpflichtung zur Sicherheitsleistung bietet noch keine ausreichende Gewähr dafür, daß die Pflicht zur Fortzahlung der Steuern ordnungsgemäß erfüllt wird. Sind Paßzwang und Grenzschutz erst wieder fortgefallen, dann ist ein Grenzübertritt möglich, ohne daß die Behörden etwas davon erfahren. Die Vorschrift über die Sicherheitsleistung wird also unter Umständen unschwer umgangen werden können. Um den Bestimmungen den erforderlichen Nachdruck zu verleihen, sind daher schwere, durch ihre Eigenart wirkende Strafen auf die Steuerflucht angedroht. Geld- und Gefängnisstrafe sowie Verlust der bürgerlichen Ehrenrechte reichen nicht aus. Denn die beiden erstgenannten Strafen werden dann nicht vollstreckt werden können, wenn dem Täter die Steuerflucht geglückt ist. Daher sollen der Steuerpflichtige, seine Ehefrau und diejenigen Kinder, deren gesetzliche Vertretung dem Steuerpflichtigen kraft elterlicher Gewalt zusteht, der deutschen Staatsangehörigkeit für verlustig erklärt werden können. Gerade die Strafe der Expatriierung ist besonders wirksam. Wer vor den sonstigen Strafen, die sehr häufig nicht zur Vollstreckung gelangen werden, nicht zurückscheut, wird sich von der Begehung der Steuerflucht vielleicht doch abhalten lassen, wenn er damit rechnen muß, daß nicht nur ihm, sondern auch seiner Familie die Rückkehr in die ehemalige Heimat für immer verschlossen ist.

Wie strenge die gegen die Steuerflucht zu treffenden Maßnahmen aber auch sein müssen, so mußte doch anderseits darauf geachtet werden, daß sie auf die zu Zwecken der Steuerflucht unternommenen Auswanderungen beschränkt bleiben und daß nicht davon betroffen werden Auswanderungen, die im deutschen, insbesondere im volkswirtschaftlichen oder kulturellen Interesse zu begünstigen sind. Das Schwergewicht lag somit auf einer richtigen Abwägung der Interessen, die einerseits der Fiskus und die Allgemeinheit an einer Verhinderung der Steuerflucht und anderseits die Volkswirtschaft, insbesondere vom Standpunkt des deutschen Außenhandels, an ungehemmter wirtschaftlicher Betätigung hat. Diesem Gedanken tragen verschiedene Bestimmungen des Gesetzes Rechnung.

Wir Wilhelm, von Gottes Gnaden Deutscher Kaiser, König von Preußen usw.
verordnen im Namen des Reichs, nach erfolgter Zustimmung des Bundesrats und des Reichstags, was folgt:

§ 1 [1] [2] [3]. Angehörige des Deutschen Reichs bleiben, wenn sie ihren dauernden Aufenthalt im Inland aufgeben, für die Geltungsdauer dieses Gesetzes der inländischen Steuerpflicht in Beziehung auf die Personalsteuern sowohl des Reiches wie der Bundesstaaten unterworfen. Die bundesstaatlichen Steuern sind im zweieinhalbfachen Betrage zu erheben; drei Fünftel dieses Betrags sind nach näherer Bestimmung der Landesregierung für die Gemeinden (Gemeindeverbände) und Schulgemeinden zu verwenden; soweit in Gebietsteilen einzelner Bundesstaaten eine besondere Gemeindeverfassung nicht vorhanden ist, werden die bundesstaatlichen Steuern nur zum einfachen Betrag erhoben. Bisherige weitergehende und künftige landesgesetzliche Vorschriften jeder Art bleiben unberührt.

Die Vorschrift des Abs. 1 gilt auch für

1. ehemalige Angehörige des Deutschen Reichs, die nach dem 1. August 1914 eine fremde Staatsangehörigkeit erworben haben,
2. nicht reichsangehörige Personen, die auch eine fremde Staatsangehörigkeit nicht besitzen, wenn sie seit dem 1. August 1914 in einem deutschen Bundesstaat ihren Wohnsitz oder gewöhnlichen Aufenthalt gehabt haben.

[1]) Wegen der allgemeinen Grundlagen des Gesetzes sei auf die erläuternden Vorbemerkungen zum Gesetz verwiesen.

[2]) Das Gesetz hat die Frage, ob Gläubiger der Staatssteuern der **Bundesstaat des letzten Wohnsitzes** oder der **Heimatstaat** sein soll, in ersterem Sinne entschieden. Abgesehen davon, daß ein Steuerpflichtiger zu seinem Heimatstaate häufig in keinen oder nur sehr losen Beziehungen steht, empfiehlt sich diese Regelung besonders deshalb, weil auf diese Weise Feststellung und Einforderung der Sicherheit und der Steuern in den Händen einer Behörde liegen, während im Falle der gegenteiligen Regelung die Sicherheit und die Reichssteuern von der Veranlagungsbehörde des Bundesstaats des letzten Wohnsitzes, die bundesstaatlichen Steuern von der Veranlagungsbehörde des Heimatstaats zu erheben wären. Überdies ist letztere zu einer sachgemäßen Veranlagung oft nicht in der Lage, weil sie den Steuerpflichtigen in der letzten Zeit vor seiner Auswanderung nicht mehr veranlagt hatte und daher seine Verhältnisse nicht kennt.

[3]) Der § 3 des Doppelsteuergesetzes vom 22. März 1909 (RGBl. S. 332) bestimmt, daß der Grund- und Gebäudebesitz und der Betrieb eines stehenden Gewerbes und die hieraus fließenden Erträge nur in dem Bundesstaate besteuert werden dürfen, wo Grund- und Gebäudebesitz liegen oder das Gewerbe betrieben wird. Also ist insoweit Steuergläubiger nicht der Bundesstaat des letzten Wohnsitzes, sondern der Bundesstaat der Belegenheit des Grund- und Gebäudebesitzes bzw. der Betriebsstätte des betreffenden Gewerbes.

§ 2. Welche Steuern Personalsteuern im Sinne des § 1 sind, wird durch Verordnung des Bundesrats bestimmt. Die Verordnung ist dem Reichstag alsbald mitzuteilen und auf Verlangen des Reichstags aufzuheben.

Als steuerpflichtiges Einkommen gilt mindestens das durchschnittliche Einkommen, das sich aus der letzten landesrechtlichen Veranlagung vor der Aufgabe des dauernden Aufenthalts im Inland und den zwei ihr vorangegangenen Jahresveranlagungen ergibt. Als steuerpflichtiges Vermögen gilt mindestens das nach der Vorschrift des § 6 festgestellte Vermögen. Verringerungen hat der Steuerpflichtige nachzuweisen.

§ 3. Gläubiger der bundesstaatlichen Steuern ist, unbeschadet der Vorschrift des § 3 des Doppelsteuergesetzes vom 22. März 1909 (RGBl. S. 332), der Bundesstaat, in dem der Steuerpflichtige vor Aufgabe des dauernden Aufenthalts im Inland seinen Wohnsitz oder in Ermangelung eines Wohnsitzes den gewöhnlichen Aufenthalt gehabt hat. Bei mehrfachem Wohnsitz hat den Vorrang zunächst der Bundesstaat des dienstlichen Wohnsitzes, dann der Bundesstaat, in dem der Steuerpflichtige die Staatsangehörigkeit besitzt, weiter der Bundesstaat, in dem der Steuerpflichtige den vorwiegenden Aufenthalt hatte. Hat der Steuerpflichtige vor Aufgabe des dauernden Aufenthalts im Inland einen Wohnsitz oder einen gewöhnlichen Aufenthalt nicht gehabt, so ist der Bundesstaat, in dem der Steuerpflichtige die Staatsangehörigkeit besitzt, Gläubiger der bundesstaatlichen Steuern. Besitzt der Steuerpflichtige die Staatsangehörigkeit in mehreren Bundesstaaten, so entscheidet der Bundesstaat, in dem er die Staatsangehörigkeit zuerst erworben hat; hat er die Staatsangehörigkeit in mehreren Bundesstaaten gleichzeitig erworben, so sind die beteiligten Bundesstaaten zu gleichen Anteilen berechtigt; besitzt der Steuerpflichtige in keinem Bundesstaate die Staatsangehörigkeit, so ist der Bundesstaat, in dem der Steuerpflichtige seinen letzten Aufenthalt hatte, Gläubiger der Steuern.

§ 4. Der Steuerpflichtige hat mindestens einen Monat vor der Aufgabe des dauernden Aufenthalts im Inland dem für den Ort seines Wohnsitzes oder gewöhnlichen Aufenthalts zuständigen Besitzsteueramt als Steuerbehörde von der beabsichtigten Aufgabe des Aufenthalts Anzeige zu erstatten und eine Vermögenserklärung beizufügen, die unter der Versicherung abzugeben ist, daß die Angaben nach bestem Wissen und Gewissen gemacht sind. In besonderen Fällen kann von der Innehaltung dieser Frist abgesehen werden.

Diese Vorschrift gilt auch für den gesetzlichen Vertreter hinsichtlich des seiner Verwaltung unterliegenden Vermögens des Vertretenen, wenn der Vertretene den dauernden Aufenthalt im Inland aufgeben will.

§ 5. Der Steuerpflichtige hat vor der Aufgabe seines dauernden Aufenthalts im Inland für die Erfüllung der sich aus der Vorschrift des § 1 ergebenden Verpflichtung in Höhe von zwanzig vom Hundert seines Vermögens (§ 6) Sicherheit zu leisten. Die Vorschrift des § 1 des Gesetzes zur Sicherung der Kriegssteuer vom 9. April 1917 (RGBl. S. 351) bleibt unberührt.

Diese Vorschrift gilt auch für den gesetzlichen Vertreter hinsichtlich des seiner Verwaltung unterliegenden Vermögens; die Sicherheit ist aus letzterem zu leisten.

Gesetzliche Vertreter sowie Bevollmächtigte des Steuerpflichtigen und Testamentsvollstrecker haften persönlich für die Sicherheit von dem ihrer Verwaltung unterliegenden Vermögen, wenn sie Vermögen in Kenntnis des Umstandes, daß es sicherheitspflichtig ist, vor der Leistung der Sicherheit ausantworten und die Beitreibung von dem Steuerpflichtigen nicht erfolgen kann.

§ 6. Das Vermögen (§ 5) ist auf den Zeitpunkt der Aufgabe des dauernden Aufenthalts im Inland nach den Vorschriften des Besitzsteuergesetzes vom 3. Juli 1913 (RGBl. S. 524) zu ermitteln. Dem nach diesen Vorschriften festgestellten Vermögen sind hinzuzurechnen Beträge, die seit dem 1. August 1914 in ausländischem Grund- oder Betriebsvermögen angelegt worden sind, sowie Beträge, die seit dem 1. August 1914 zum Erwerbe von Gegenständen aus edlen Metallen, von Edelsteinen oder Perlen, von Kunst-, Schmuck- oder Luxusgegenständen sowie von Sammlungen aller Art aufgewendet worden sind, sofern der Anschaffungspreis für den einzelnen Gegenstand fünfhundert Mark und darüber oder für mehrere gleichartige oder zusammengehörige Gegenstände eintausend Mark und darüber beträgt. Die Hinzurechnung findet nur statt, wenn die bezeichneten Gegenstände noch im Besitze des Steuerpflichtigen sind. Ist die Anlage in ausländischem Grund- oder Betriebsvermögen erfolgt, so verringert sich die Hinzurechnung um den Betrag einer nachweislich eingetretenen erheblichen Wertminderung.

§ 7. Die Feststellung, Anforderung und Annahme der Sicherheit erfolgt durch die für die Veranlagung und Erhebung der Besitzsteuer (Besitzsteuergesetz vom 3. Juli 1913) zuständigen Behörden.

Die Landesregierung kann die Annahme der Sicherheit anderen Behörden übertragen.

§ 8. Die Steuerbehörde prüft die Angaben des Steuerpflichtigen. Ergibt sich, daß eine Sicherheit nicht zu leisten ist, so macht sie dem Steuerpflichtigen hiervon unverzüglich Mitteilung. Andernfalls stellt sie nach Vornahme der etwa erforderlichen Ermittlungen den Betrag der Sicherheit fest.

§ 9. Der Betrag der geschuldeten Sicherheit wird dem Steuerpflichtigen von der Steuerbehörde durch einen Bescheid mitgeteilt. Der Bescheid enthält eine Belehrung über die zulässigen Rechtsmittel und eine Anweisung zur Leistung der Sicherheit vor der Aufgabe des dauernden Aufenthalts im Inland.

Macht der Steuerpflichtige ein Interesse an der alsbaldigen Aufgabe des dauernden Aufenthalts glaubhaft und kann der Betrag der Sicherheit bis dahin nicht endgültig festgesetzt werden, so kann ihm ein vorläufiger Bescheid erteilt werden, der bis zum Erlaß eines endgültigen Bescheids die Wirkungen eines solchen hat.

§ 10. Der endgültige Bescheid tritt außer Kraft, wenn der Steuerpflichtige beim Ablauf von einem Monat nach der Zustellung des Bescheids seinen dauernden Aufenthalt im Inland noch nicht aufgegeben hat.

§ 11. Die Steuerbehörde stellt die Sicherheit auch dann fest, wenn

1. der Steuerpflichtige seinen dauernden Aufenthalt im Inland aufgegeben hat, ohne die nach § 4 vorgeschriebenen Erklärungen abgegeben zu haben,
2. Tatsachen vorliegen, die die Annahme rechtfertigen, daß der Steuerpflichtige seinen dauernden Aufenthalt im Inland aufgeben

und sich der Verpflichtung zur Leistung der Sicherheit entziehen will.

§ 12. Gegen den endgültigen Bescheid sind die Rechtsmittel zulässig, die dem Steuerpflichtigen gegen die Heranziehung zur Besitzsteuer zustehen; der Beurteilung der Rechtsmittelbehörden unterliegt auch der vorläufige Bescheid.

§ 13. Durch die Einlegung eines Rechtsmittels wird die Verpflichtung zur Leistung der Sicherheit nicht aufgehalten.

§ 14. Die Steuerbehörde ist berechtigt, die Sicherheit nach den für die Einziehung öffentlicher Abgaben geltenden Vorschriften beizutreiben und das im Inland befindliche Vermögen des Steuerpflichtigen in Höhe der Sicherheit mit Beschlag zu belegen.

§ 15. Hat der Steuerpflichtige vor der Aufgabe des dauernden Aufenthalts im Inland keine Sicherheit geleistet oder entzieht er sich der inländischen Steuerpflicht und hat auch die zwangsweise Beitreibung (§ 14) zu einer vollständigen Befriedigung nicht geführt oder ist anzunehmen, daß sie zu einer solchen nicht führen würde, so haften für die Sicherheit und die Steuern die Empfänger von Schenkungen oder sonstigen ohne entsprechende Gegenleistung gemachten Zuwendungen, die seit dem 1. März 1918 erfolgt sind. Umfang und Geltendmachung der Haftung richten sich nach den Vorschriften des Gesetzes, betreffend die Anfechtung von Rechtshandlungen eines Schuldners außerhalb des Konkursverfahrens, in der Fassung der Bekanntmachung vom 20. Mai 1898 (RGBl. S. 709). Ausgenommen von der Haftung sind übliche Gelegenheitsgeschenke und Zuwendungen im Gesamtwert von nicht mehr als dreitausend Mark.

[1]) Hierzu stellte der Berichterstatter zunächst fest, daß nach dem Entwurf die Geltendmachung der Anfechtung im Wege der Klage zu erfolgen habe; wegen des Anfechtungsklägers sei auf § 3 zu verweisen. Ein Mitglied stellte die Frage: Wie könne wohl festgestellt werden, daß jemand von einem Ausgewanderten eine Schenkung erhalten habe? Erwidert wurde von der Regierung und vom Berichterstatter, daß dies eine Frage tatsächlicher Feststellung sei, wie sie eben in Anfechtungsprozessen getroffen werden müsse. Ein anderes Mitglied fügte hinzu: Man möge an den Fall denken, daß die Eltern steuerflüchtig geworden seien, nachdem sie einen Teil ihres Vermögens ihren Kindern zur Fortführung des heimatlichen Geschäftes übereignet hätten. In solchen Fällen sei der Beweis nicht einmal besonders schwierig.

Der § 15 gewährt insofern eine über den Rahmen des Anfechtungsgesetzes hinausgehende Möglichkeit der Anfechtung von Schenkungen oder sonstigen unentgeltlichen Zuwendungen, als danach einmal der Bescheid über die Leistung der Sicherheit als vollstreckbarer Schuldtitel gilt und zweitens die Anfechtungsfrist verlängert ist. Wandert z. B. ein Steuerpflichtiger im Jahre 1922 aus, so können unter Umständen Schenkungen, die im Jahre 1919 erfolgt sind, noch angefochten werden. Abgesehen von dem fiskalischen Gesichtspunkt wird diese Vorschrift auch eine abschreckende Wirkung haben, insofern, als sie dem Steuerflüchtigen die Möglichkeit nimmt, Personen, die er bisher fortlaufend unterstützt hat, durch Kapitalzahlungen oder dergleichen sicherzustellen.

§ 16. Der Bundesrat erläßt nähere Bestimmungen darüber, in welcher Art Sicherheit zu leisten, wie sie zu verwalten und in welcher Höhe sie zu verzinsen ist. Fällig werdende Zinsen sind auf Verlangen auszuzahlen.

§ 17. Behörden des Reichs, der Bundesstaaten und der Gemeinden (Gemeindeverbände), die von der Absicht eines Steuerpflichtigen, seinen dauernden Aufenthalt im Inland aufzugeben, und von Tatsachen Kenntnis erhalten, die die Annahme rechtfertigen, daß er sich den nach den §§ 1, 5 begründeten Verpflichtungen entziehen will, haben hiervon unverzüglich der zuständigen Steuerbehörde Mitteilung zu machen.

§ 18. Hat der Steuerpflichtige seinen dauernden Aufenthalt im Inland aufgegeben, so ist er gehalten, eine im Inland wohnende Person zum Empfange der für ihn bestimmten Schriftstücke zu bevollmächtigen. Ist die Benennung eines Zustellungsbevollmächtigten unterblieben, so gilt die Zustellung eines Schriftstücks mit der Aufgabe zur Post als bewirkt, selbst wenn die Sendung als unbestellbar zurückkommt.

§ 19. Die oberste Landesfinanzbehörde kann die Frist, bis zu der die Einzelbeträge der nach § 1 geschuldeten Steuern fällig werden, verlängern. Werden die Steuern nicht rechtzeitig entrichtet, so verfällt ein entsprechender Teil der Sicherheit.

§ 20. Die Vorschrift des § 1 gilt nicht für

1. Personen, die sich in ihrer Eigenschaft als öffentliche Beamte im Ausland aufhalten,
2. Personen, deren Vermögen nicht dreißigtausend Mark übersteigt,
3. Auslandsdeutsche. Als Auslandsdeutsche gelten Personen, die vor dem Kriege ihren Wohnsitz oder gewöhnlichen Aufenthalt im Ausland hatten und sich entweder bei Ausbruch des Krieges vorübergehend im Inland aufhielten oder während des Krieges ins Inland gekommen sind und spätestens ein Jahr nach Beendigung des Krieges mit allen Großmächten ins Ausland zurückkehren; für Personen, welche vor dem Kriege in einem feindlichen Lande ihren Wohnsitz hatten, läuft diese Frist nicht früher ab als ein Jahr

nach Beendigung des Krieges mit diesem Lande,

4. Personen, die ihren dauernden Aufenthalt in ein deutsches Schutzgebiet verlegen,
5. Personen, die erst nach Beendigung des Krieges mit allen Großmächten ihren dauernden Aufenthalt im Inland genommen haben.

Jedoch haben auch diese Personen die nach § 4 vorgeschriebene Anzeige zu erstatten; die in Nr. 2 genannten Personen haben auch eine Vermögenserklärung (§ 4) beizufügen.

§ 21. Auf Antrag erfolgt eine Freistellung von der nach § 1 begründeten Verpflichtung, wenn die Auswanderung im deutschen Interesse liegt oder wenn die Ablehnung des Antrags eine außergewöhnliche Härte darstellen würde. Die Freistellung kann zunächst für einen kürzeren Zeitraum als die Geltungsdauer dieses Gesetzes erfolgen; eine Verpflichtung zur Sicherheitsleistung besteht in diesem Falle nicht. Die Vorschrift des § 9 Abs. 2 findet entsprechende Anwendung.

Die Landesregierung bestimmt die Behörden, die über den Antrag zu entscheiden haben, und die zulässigen Rechtsmittel. Die Reichsbevollmächtigten für Zölle und Steuern sind zur Einlegung von Rechtsmitteln befugt und in jedem Rechtszug vor der Entscheidung zu hören. Die endgültige Entscheidung erfolgt durch den Reichsfinanzhof. Dieser kann nur zugunsten des Steuerpflichtigen angerufen werden.

[1]) Der § 21 gewährt ein Recht auf Freistellungen denen, deren Auswanderung im deutschen Interesse liegt. Wie sehr auch die Tendenz des Gesetzes im steuerfiskalischen Interesse und im Interesse der Allgemeinheit möglichst jeden, der im Kriege im Inland gelebt hat, auf längere Zeit steuerpflichtig

bleiben zu lassen, dem gesamten deutschen Wirtschaftsleben zugute kommt, so hängt doch das Gedeihen der heimischen Wirtschaft wesentlich auch von der ungestörten Pflege weltwirtschaftlicher Beziehungen ab. Wer nach dem Kriege an dem Wiederaufbau des deutschen Überseehandels mitarbeitet, soll daher den im Gesetz begründeten Verpflichtungen nicht unterliegen. Ob diese Voraussetzung gegeben ist, d. h. ob wirklich ein allgemeines deutsches und nicht ein persönliches Interesse des einzelnen vorliegt, läßt sich nicht allgemein, sondern nur von Fall zu Fall entscheiden. So kann der Geschäftsbetrieb deutscher Unternehmungen in Übersee dem allgemeinen deutschen Interesse nach keiner Richtung förderlich, unter Umständen sogar nachteilig sein. Auch kann es nicht immer als im deutschen Interesse liegend angesehen werden, wenn Deutsche in solchen überseeischen Unternehmungen Anstellung finden, deren Inhaber nicht Deutsche sind oder deren Kapital sich in fremdem Besitze befindet. Es muß also jeder Fall für sich geprüft werden. Dieser Umstand macht ein Antragsverfahren erforderlich. Da es sich nicht immer von vornherein übersehen läßt, ob die Voraussetzungen für die Freistellung für die ganze Geltungsdauer des Gesetzes vorliegen, soll die Entscheidung zunächst für einen kürzeren Zeitraum abgegeben werden können.

[2]) Vom Berichterstatter wurde die Frage aufgeworfen, welche bundesstaatlichen Behörden in der Frage des § 21 zu entscheiden haben würden. Erwidert wurde von Regierungsseite, daß dies Sache der Bundesstaaten sei. Der preußische Generalsteuerdirektor bemerkte: In Preußen sei man sich einig, daß zur Entscheidung im Sinne des § 21 keinesfalls die Steuerveranlagungsbehörden zuständig sein sollen.

§ 22. Wer als Steuerpflichtiger seinen dauernden Aufenthalt im Inland aufgibt, ohne die im § 4 vorgeschriebene Anzeige zu erstatten oder die ihm nach § 5 obliegende Verpflichtung zur Sicherheitsleistung zu erfüllen, wird wegen Steuerflucht mit Gefängnis nicht unter drei Monaten und mit Verlust der bürgerlichen Ehrenrechte bestraft; daneben ist auf eine Geldstrafe bis zu einhunderttausend Mark zu erkennen.

Die gleiche Strafe trifft den gesetzlichen Vertreter des Steuerpflichtigen, wenn er, ohne die im § 4 vorgeschriebene Anzeige zu erstatten oder die ihm nach § 5 obliegende Verpflichtung zur Sicherheitsleistung zu erfüllen, dazu mitwirkt, daß der Steuerpflichtige seinen dauernden Aufenthalt im Inland aufgibt.

Der Versuch ist strafbar.

Die Verurteilung ist auf Kosten des Verurteilten öffentlich bekanntzumachen. Die Art der Bekanntmachung sowie die Frist, innerhalb der sie zu erfolgen hat, ist im Urteil zu bestimmen.

Ist der Beschuldigte abwesend (§ 318 der Strafprozeßordnung), so kann gegen ihn nach Maßgabe der §§ 320 bis 326 der Strafprozeßordnung verhandelt werden. Dies gilt auch für das Verfahren vor den Militärgerichten.

[1]) Um den gesetzlichen Vertreter wie einen Steuerflüchtigen bestrafen zu können, ist die Mitwirkung des Vertreters dazu, daß der Vertretene seinen dauernden Aufenthalt im Inland aufgibt (z. B. durch Lösen von Fahrscheinen, Mieten einer ausländischen Wohnung usw.), vorgesehen. Gerade solche Fälle werden nicht selten sein. Denkbar ist z. B. der Fall, daß ein Steuerpflichtiger sein Vermögen seinem minderjährigen Kinde, dessen gesetzliche Vertretung ihm kraft elterlicher Gewalt zusteht, in rechtlich unanfechtbarer Weise überträgt, dann das Kind und das Vermögen ins Ausland schickt. Solchen Umgehungsversuchen ist durch die Vorschrift des Abs. 2 des § 22 vorgebeugt. Eine solche Vorschrift ist auch deshalb erforderlich, weil sonst die Gefahr nahe liegt, daß der Vater selbst später seinem Kinde ins Ausland folgt, und, da er nun kein Vermögen mehr hat, von diesem Gesetze nicht mehr betroffen wird.

Die betreffenden §§ 320—326 RStPO. lauten:

§ 318. Ein Beschuldigter gilt als abwesend, wenn sein Aufenthalt unbekannt ist oder, wenn er sich im Ausland aufhält und seine Gestellung vor das zuständige Gericht nicht ausführbar oder nicht angemessen erscheint.

§ 320. Die Ladung des Angeklagten zur Hauptverhandlung ist im Falle, daß sein Aufenthalt unbekannt ist oder die Befolgung der für Zustellungen im Auslande bestehenden Vorschriften unausführbar oder voraussichtlich erfolglos erscheint, in einer beglaubigten Abschrift an die Gerichtstafel bis zum Tage der Hauptverhandlung anzuheften. Außerdem ist ein Auszug der Ladung in das für amtliche Bekanntmachungen des betreffenden Bezirks bestimmte Blatt und nach Ermessen des Gerichts auch in ein anderes Blatt dreimal einzurücken. Zwischen dem Tage der letzten Bekanntmachung und dem Tage der Hauptverhandlung muß eine Frist von mindestens einem Monate liegen.

§ 321. Die Ladung muß enthalten:

die Angabe des Namens und, soweit dies bekannt, des Vornamens, Alters, Standes, Gewerbes und Wohnorts oder Aufenthaltsorts des Angeklagten, die Bezeichnung der dem Angeklagten zur Last gelegten strafbaren Handlung sowie die Angabe des Tages und der Stunde der Hauptverhandlung.

Zugleich ist die Warnung hinzuzufügen, daß bei unentschuldigtem Ausbleiben des Angeklagten zur Hauptverhandlung werde geschritten werden.

§ 322. In der Hauptverhandlung kann für den Angeklagten ein Verteidiger auftreten. Auch Angehörige des ersteren sind, ohne daß sie einer Vollmacht bedürfen, als Vertreter zuzulassen.

§ 323. Die Zustellung des Urteils erfolgt nach Maßgabe der Bestimmungen des § 40 Abs. 2.

§ 324. Die im § 322 bezeichneten Personen können von den dem Beschuldigten zustehenden Rechtsmitteln Gebrauch machen.

§ 325. Insoweit es nach dem Ermessen des Richters zur Deckung der den Angeschuldigten möglicherweise treffenden höchsten Geldstrafe und der Kosten des Verfahrens erforderlich ist, können einzelne zum Vermögen des Angeschuldigten gehörige Gegenstände mit Beschlag belegt werden. Auf diese Beschlagnahme finden die Bestimmungen der Zivilprozeßordnung über die Vollziehung und die Wirkungen des dinglichen Arrestes entsprechende Anwendung. Die Beschlagnahme ist aufzuheben, wenn der Grund derselben weggefallen ist.

§ 326. Insoweit eine Deckung in Gemäßheit der vorstehenden Bestimmung nicht ausführbar erscheint, kann durch Beschluß des Gerichts das im Deutschen Reich befindliche Vermögen des Angeschuldigten mit Beschlag belegt werden. Der Beschluß ist durch den Deutschen Reichsanzeiger und nach Ermessen des Gerichts auch durch andere Blätter zu veröffentlichen.

Verfügungen, welche der Angeschuldigte über sein mit Beschlag belegtes Vermögen nach der ersten durch den Deutschen Reichsanzeiger bewirkten Veröffentlichung des Beschlusses vornimmt, sind der Staatskasse gegenüber nichtig.

§ 23. Angehörige des Deutschen Reichs, die nach Maßgabe des § 22 rechtskräftig verurteilt sind, können ihrer Staatsangehörigkeit durch Beschluß der Zentralbehörde des Bundesstaats, in dem sie die Staatsangehörigkeit besitzen, verlustig erklärt werden. Gehören sie mehreren Bundesstaaten an, so verlieren sie durch den Beschluß die Staatsangehörigkeit in allen Bundesstaaten.

Der Verlust der Staatsangehörigkeit erstreckt sich, sofern nicht in der Erklärung nach Abs. 1 Satz 1 ein Vorbehalt gemacht ist, zugleich auf die Ehefrau, sofern sie nicht dauernd von ihrem Ehemanne getrennt lebt, und auf diejenigen Kinder, deren gesetzliche Vertretung dem Ausgeschiedenen kraft elterlicher Gewalt zusteht. Ausgenommen sind die Töchter, die verheiratet sind oder verheiratet gewesen sind.

[1]) Der Zusatz, daß sich der Verlust der Reichs- und Staatsangehörigkeit auf Frau und Kinder nur bedingungsweise bezieht, beruht auf einem Antrag Nr. 696 Ziff. 6 der Ausschußverhandlungen. Zur Begründung des Antrages Nr. 696 Ziff. 6 wurde vom Antragsteller angeführt: Bei tatsächlicher oder rechtlicher Trennung der Ehe leben die Kinder oft bei

der Mutter, obwohl der Vater ihr gesetzlicher Vertreter sei. In solchem Falle würde die Erstreckung des Verlustes der Staatsangehörigkeit auf sie unter Umständen eine Härte bedeuten. Es könne auch noch andere Fälle geben, z. B. wenn die Söhne gedient haben und erst 20 Jahre alt seien, oder wenn die Angehörigen gegen die Auswanderung protestiert, sie ausdrücklich gemißbilligt haben usw.

§ 24. Die Landespolizeibehörden sind befugt, Personen, welche gemäß § 23 die deutsche Staatsangehörigkeit verloren haben, sowie die im § 1 Abs. 2 genannten Personen, welche rechtskräftig wegen Steuerflucht verurteilt sind, aus dem Reichsgebiete zu verweisen.

§ 25. Werden die hinterzogenen Steuerbeträge nebst Zinsen in Höhe von fünf vom Hundert vom Fälligkeitstag ab gezahlt und die geschuldete Sicherheit geleistet, bevor eine zwangsweise Beitreibung stattgefunden hat, so tritt Straffreiheit für Täter und Teilnehmer ein; ist eine Verurteilung bereits erfolgt, so unterbleibt die weitere Vollstreckung. Stellen in solchem Falle Personen, die gemäß § 23 die deutsche Staatsangehörigkeit verloren haben, Antrag auf Wiedereinbürgerung, so darf die Genehmigung aus Gründen, die mit der Hinterziehung im Zusammenhange stehen, nicht versagt werden.

[1]) Die Wirksamkeit des Gesetzes ist von der Schwere und der Eigenart der Strafen abhängig. Der § 25 bezweckt eine weitgehende Heilung der eingetretenen Schäden, sobald die Steuern und die etwa noch geschuldete Sicherheit bezahlt sind. Dabei kommt es nicht darauf an, ob die Beträge von dem Täter selbst oder von einem Dritten bezahlt werden, ebensowenig darauf, ob der Täter sich im Inland niederläßt oder nicht.

Soweit Geldstrafen schon vollstreckt sind, findet eine Rückerstattung nicht statt. Es unterbleibt nur die „weitere", d. h. künftige Vollstreckung. Unter Unterbleiben der weiteren Vollstreckung fällt auch das Wiederaufleben der bürgerlichen Ehrenrechte.

§ 26. Hat in den Fällen des § 22 Abs. 1, 2 nachweislich der Steuerpflichtige oder der gesetzliche Vertreter des Steuerpflichtigen nicht in der Absicht gehandelt, sich oder den von ihm vertretenen Steuerpflichtigen der Steuerpflicht zu entziehen, so tritt Geldstrafe bis zu zwanzigtausend Mark ein.

Ebenso wird bestraft, wer als Steuerpflichtiger oder gesetzlicher Vertreter des Steuerpflichtigen die ihm nach § 4 obliegende Vermögenserklärung innerhalb der vorgeschriebenen Frist nicht abgibt oder wissentlich unrichtige oder unvollständige Angaben macht.

Die Vorschriften des § 22 Abs. 3, 5, des § 25 Satz 1 finden entsprechende Anwendung.

§ 27. Die Einziehung der Sicherheit oder der Steuern erfolgt unabhängig von der Bestrafung.

§ 28. Eine Ordnungsstrafe bis zu fünftausend Mark tritt ein bei Zuwiderhandlungen gegen die Vorschriften dieses Gesetzes oder die zu seiner Ausführung ergangenen Bestimmungen, die im Gesetze mit keiner besonderen Strafe bedroht sind.

§ 29. Die oberste Landesfinanzbehörde ist befugt, von der Verpflichtung zur Sicherheitsleistung ganz oder teilweise zu befreien.

§ 30. Das Gesetz tritt unbeschadet der Durchführung schwebender Verfahren außer Kraft mit dem Schlusse des dritten Jahres nach Ablauf desjenigen Jahres, in dem der Krieg mit allen Großmächten beendet ist.

Urkundlich unter Unserer Höchsteigenhändigen Unterschrift und beigedrucktem Kaiserlichen Insiegel.

Gegeben Großes Hauptquartier,
den 26. Juli 1918.

(Siegel) Wilhelm

Dr. Graf von Hertling.

Gesetz, betreffend Änderung des Gesetzes, betreffend eine mit den Post- und Telegraphengebühren zu erhebende außerordentliche Reichsabgabe, vom 21. Juni 1916 (RGBl. S. 577).

Vom 26. Juli 1918 (RGBl. S. 975).

Das vorliegende **Abänderungsgesetz** hat lediglich die Zusammenstellung der Reichsabgaben im Post- und Telegraphenverkehr, welche dem **Reichsgesetz vom 21. Juni 1916** (RGBl. S. 577) beigegeben war, durch die hier abgedruckte Zusammenstellung ersetzt. Die neue **Zusammenstellung** nebst Anmerkungen ist auf den folgenden Seiten erläutert. Das Gesetz vom 21. Juni 1916 (RGBl. S. 577) ist weiter unten abgedruckt.

Wir Wilhelm, von Gottes Gnaden Deutscher Kaiser, König von Preußen usw.
verordnen im Namen des Reichs, nach erfolgter Zustimmung des Bundesrats und des Reichstags, was folgt:

§ 1. Das Gesetz, betreffend eine mit den Post- und Telegraphengebühren zu erhebende außerordentliche Reichsabgabe vom 21. Juni 1916 (Reichs-Gesetzbl. S. 577), wird dahin geändert:

Die dem Gesetze beigefügte Zusammenstellung der Reichsabgaben im Post- und Telegraphenverkehre wird durch die nachfolgende Zusammenstellung ersetzt.

§ 2. Soweit in Reichsgesetzen oder in Landesgesetzen auf das angeführte Gesetz vom 21. Juni 1916 verwiesen ist, tritt an die Stelle der ihm beigefügten Zusammenstellung der Reichsabgaben im Post- und Telegraphenverkehre die nachfolgende Zusammenstellung.

§ 3. Dieses Gesetz tritt am 1. Oktober 1918 in Kraft.

Urkundlich unter Unserer Höchsteigenhändigen Unterschrift und beigedrucktem Kaiserlichen Insiegel.

Gegeben Großes Hauptquartier,
den 26. Juli 1918.

(Siegel.) Wilhelm
Dr. Graf von Hertling.

Gesetz, betreffend eine mit den Post- und Telegraphengebühren zu erhebende außerordentliche Reichsabgabe.

Vom 21. Juni 1916 (RGBl. S. 577[1]).

Wir Wilhelm, von Gottes Gnaden Deutscher Kaiser, König von Preußen usw.
verordnen im Namen des Reichs, nach erfolgter Zustimmung des Bundesrats und des Reichstags, was folgt:

§ 1. Die in der nachfolgenden Zusammenstellung bezeichneten Reichsabgaben werden neben den Post- und Telegraphengebühren erhoben.

[1]) Abgeändert durch das auf der Vorseite abgedruckte Gesetz vom 26. Juli 1918 (oben), jedoch im wesentlichen nur hinsichtlich des **Tarifes**, nicht bezüglich der anderen Bestimmungen. Der gegenwärtig geltende Reichs-Abgabesatz ergibt sich aus der Zusammenstellung auf den folgenden Seiten.

§ 2. Die Vorschriften über die Entrichtung, Erhebung, Beitreibung und Hinterziehung der Post- und Telegraphengebühren gelten auch für die Reichsabgaben.

§ 3. Der Reichskanzler wird ermächtigt, an Stelle der Einzelabrechnungen über die Reichsabgaben eine vereinfachte Abrechnung, insbesondere die Zahlung von Pauschbeträgen für die Reichs-Post- und Telegraphenverwaltung anzuordnen und mit den Regierungen von Bayern und Württemberg zu vereinbaren.

Für die Dauer der Erhebung der Reichsabgabe werden die von Bayern und Württemberg entsprechend dem Überschusse der Reichs-Post- und Telegraphenverwaltung jährlich zu zahlenden Ausgleichungsbeträge nach dem Verhältnis der Gebühreneinnahme von Bayern und Württemberg zu der des Reichs berechnet. Weichen die Gebührensätze in Bayern und Württemberg von denen der Reichs-Post- und Telegraphenverwaltung ab, so wird die Gebühreneinnahme für die Berechnung entsprechend richtiggestellt. Als Gebühreneinnahme im Sinne dieser Vorschriften gelten die Postbeförderungs-, die Telegramm- und Fernsprechgebühren, die Zeitungsgebühren und die Einnahme aus dem Postscheckverkehre.

§ 4. Der Reichskanzler kann mit Zustimmung des Bundesrats die Reichsabgaben ermäßigen oder aufheben. Die Aufhebung der Reichsabgaben hat aber spätestens nach Ablauf des zweiten Rechnungsjahrs nach Friedensschluß zu erfolgen, wenn es der Reichstag verlangt.

§ 5. Der Zeitpunkt, mit dem das Gesetz in Kraft tritt, wird durch Kaiserliche Verordnung mit Zustimmung des Bundesrats festgesetzt.

Urkundlich unter Unserer Höchsteigenhändigen Unterschrift und beigedrucktem Kaiserlichen Insiegel.

Gegeben Großes Hauptquartier,
den 21. Juni 1916.

(Siegel.) Wilhelm

von Bethmann Hollweg.

Zusammenstellung der Reichsabgaben im Post- und Telegraphenverkehr.

Lfde. Nr.	Gegenstand	Als Reichsabgabe wird ein Zuschlag zu den Post- und Telegraphengebühren erhoben in Höhe von		
1.	Briefe			von jeder Sendung
	a) im Orts- und Nachbarortsverkehre			
	bis 20 Gramm	5	Pf.	
	über 20 bis 250 Gramm	10	"	
	b) im sonstigen Verkehre	5	"	
2.	Postkarten			
	a) im Orts- und Nachbarortsverkehre	2½	"	
	b) im sonstigen Verkehre .	5	"	
3.	Drucksachen			
	bis 50 Gramm	2	"	
	über 50 bis 100 Gramm	2½	"	
	über 100 Gramm	5	"	
4.	Geschäftspapiere	5	"	

Gegenstand	Als Reichsabgabe wird ein Zuschlag zu den Post- und Telegraphengebühren erhoben in Höhe von	
Warenproben über 100 Gramm	5 Pf.	von jeder Sendung
Mischsendungen	5 „	
Pakete		
I. bis zum Gewichte von von 5 Kilogramm		
a) auf Entfernungen bis 75 Kilometer einschließlich	15 „	
b) auf alle weiteren Entfernungen . . .	25 „	
II. beim Gewicht über 5 Kilogramm		
a) auf Entfernungen bis 75 Kilometer einschließlich	30 „	
b) auf alle weiteren Entfernungen	50 „	
Briefe mit Wertangabe		
a) auf Entfernungen bis 75 Kilometer einschließlich	5 „	
b) auf alle weiteren Entfernungen	10 „	
Postauftragsbriefe	5 „	
Postanweisungen		
bis 100 Mark	5 „	
über 100 Mark	10 „	

Lfde. Nr.	Gegenstand	Als Reichsabgabe wird ein Zuschlag zu den Post- und Telegraphengebühren erhoben in Höhe von		
11.	Telegramme	3	Pf.	von jedem Worte, mindestens 15 Pf. von jedem Telegramm. Die Abgabe wird erforderlichenfalls auf die dem Gesamtbetrage der Abgabe zunächstliegende, durch fünf teilbare Zahl nach oben oder unten abgerundet
12.	Rohrpostbriefe und Rohrpostkarten	5	"	von jeder Sendung
13.	Anschlüsse an ein Orts-, Vororts- oder Bezirksfernsprechnetz . . .	20	v. H.	von jeder Pausch- oder Grundgebühr
14.	Ortsgespräche von Teilnehmeranschlüssen gegen Grundgebühr, Gespräche im Vorortsverkehr, im Bezirksverkehr und im Fernverkehre	20	"	von jeder Gebühr für jedes Gespräch
15.	Fernsprech-Nebenanschlüsse	20	"	von der Gebühr für jeden Nebenanschluß

Anmerkungen:

I. Ermäßigungen. Zu Nr. 14. Für dringende Gespräche ist die Reichsabgabe nur in Höhe der Abgabe für nicht dringende Gespräche zu erheben.

II. Befreiungen.

Von der Reichsabgabe sind frei:

a) (Zu § 1 des Gesetzes, betreffend eine mit den Post- und Telegraphengebühren zu erhebende außerordentliche Reichsabgabe, vom 21. Juni 1916) Sendungen, die an Angehörige des Heeres und der Marine gerichtet sind oder von ihnen herrühren, wenn sie Porto- oder Gebührenvergünstigungen genießen.

b) (Zu § 1 des Gesetzes, betreffend eine mit den Post- und Telegraphengebühren zu erhebende außerordentliche Reichsabgabe, vom 21. Juni 1916) Sendungen im Verkehre mit dem Ausland, soweit Verträge mit anderen Staaten entgegenstehen.

c) (Zu Nr. 3) Drucksachen,

1. die nur Zeitungen oder Zeitschriften enthalten, wenn die Zeitungen oder Zeitschriften vom Verleger an andere Zeitungsverleger oder an Personen verschickt werden, die sich nicht gewerbsmäßig mit dem Vertriebe dieser Zeitungen und Zeitschriften befassen,
2. die nur politische, Handels- oder andere Nachrichten allgemeiner Bedeutung enthalten, wenn diese Nachrichten von Nachrichtenburaus an Zei-

tungen, Zeitschriften oder Zeitungsverleger verschickt werden.

Die näheren Bestimmungen werden durch die Postordnung erlassen.

d) (Zu Nr. 7) Gewöhnliche Pakete, die nur Zeitungen oder Zeitschriften enthalten, wenn die Zeitungen oder Zeitschriften vom Verleger an andere Zeitungsverleger oder an Personen verschickt werden, die sich nicht gewerbsmäßig mit dem Vertriebe dieser Zeitungen oder Zeitschriften befassen. Die Postanstalten sind berechtigt, zum Zwecke der Prüfung des Paketinhalts das Öffnen dieser Pakete an Amtsstelle zu verlangen oder selbst vorzunehmen. Die näheren Bestimmungen werden durch die Postordnung erlassen.

e) (Zu Nr. 11) Pressetelegramme, das sind an Zeitungen, Zeitschriften oder Nachrichtenbureaus gerichtete Telegramme in offener Sprache, wenn ihr Inhalt aus politischen, Handels- oder anderen Nachrichten von allgemeiner Bedeutung besteht, die zur Veröffentlichung in Zeitungen und Zeitschriften bestimmt sind. Die näheren Bestimmungen werden durch die Telegraphenordnung erlassen.

III. Übergangsvorschrift.

(Zu Nr. 13 und 15) Jeder Teilnehmer ist in den ersten beiden Monaten nach dem Inkrafttreten dieses Gesetzes berechtigt, seinen Anschluß mit einmonatiger Frist zu kündigen.

Erläuterungen zu obiger Zusammenstellung und den dazu ergangenen Bemerkungen.

I. Zu den einzelnen Tarifnummern.

a) Zu Nr. 1–10.

Es sollen für **Briefe im Orts- und Nachbarortsverkehr** bis zum Gewicht von 20 g 5 Pf., für solche Briefe über 20 bis 250 g 10 Pf. Reichsabgabe erhoben werden. Die **Gesamtgebühr** für diese Briefe beträgt dann bei einem Gewichte bis 20 g 10 Pf., über 20 bis 250 g 15 Pf. Die Einheitsgebühr von 5 Pf. für einen Brief im Gewichte bis 250 g entsprach schon im Frieden nicht mehr annähernd den Selbstkosten, die infolge der fortschreitenden Erweiterung des Orts- und Nachbarortsbereichs immer zunehmen und in den größeren Orten, wo solche Sendungen hauptsächlich vorkommen, hinter den Aufwendungen für Fernbriefe kaum mehr zurückbleiben. Die Einführung einer höheren Gebühr für die schwereren **Ortsbriefe** war deshalb schon seit längerer Zeit ins Auge gefaßt, zumal der unerwünschte Zustand Abhilfe erheischte, daß bei einem Gewichte von über 100 bis 250 g die Versendung einer Drucksache im verschlossenen Briefe sich billiger stellt als die offene Beförderung gegen die Drucksachengebühr. Unter diesen Umständen erschien die Festsetzung einer erhöhten Reichsabgabe für die über 20 g schweren Orts- und Nachbarortsbriefe bis zur endgültigen Regelung der Postgebühren gerechtfertigt und geboten.

Die im **Fernverkehr** zwischen dem Porto für **Postkarten** und dem Briefporto bestehende große Spannung — $7^1/_2$ Pf. — läßt sich nicht rechtfertigen, da bei beiden Gruppen die Arbeitsleistungen der Post fast die gleichen sind. Es ist deshalb eine Erhöhung der Reichsabgabe für Postkarten im Fernverkehr auf 5 Pf. eingetreten.

Die Reichsabgabe für **Pakete** bis 5 kg beträgt künftig auf Entfernungen bis 75 km 15 Pf. und auf weitere Entfernungen 25 Pf., dagegen für Pakete über 5 kg das Doppelte dieser Sätze. Die Ausgaben für den während des Krieges immer umfangreicher gewordenen Paketverkehr sind in so außerordentlichem Maße gewachsen, daß eine Erhöhung der Sätze auch aus diesem Grunde zur Notwendigkeit wurde.

Neu eingeführt werden Reichsabgaben für **Drucksachen, Geschäftspapiere, Warenproben, Mischsendungen** und **Postanweisungen**.

Für Geschäftspapiere, Warenproben und Mischsendungen ist eine einheitliche Abgabe von 5 Pf. vorgesehen.

Auch für **Drucksachen** ist die Abgabe in derselben Höhe festgesetzt worden; doch sollen für Drucksachen im Gewichte bis 100 g niedrigere Sätze (und zwar bis 50 g 2 Pf., über 50 bis 100 g $2^1/_2$ Pf.) erhoben werden. Das Porto für **Drucksachen** wird demnach betragen:

	bis 50 g	. . . .	5	Pf.
über	50 bis 100 g	. . . . .	$7^1/_2$	„
„	100 „ 250 g	. . . . .	15	„
„	250 „ 500 g	. . . . .	25	„
	500 g bis 1 kg	. . . . .	35	„

Die **Geschäftspapiere** können bei der Neuregelung schon aus dem Grunde nicht freigelassen werden, weil die Spannung, die jetzt zwischen der Mindestgebühr (10 Pf.) und dem Porto für die Fernbriefe bis 20 g (15 Pf.) besteht, dazu, wie die Erfahrung gelehrt hat, verleitet, Geschäftsbriefe trotz des entgegenstehenden Verbots als Geschäftspapiere zu verschicken. Durch die Abgabe wird die Mindestgebühr für Geschäftspapiere ebenso hoch wie die Mindestgebühr für Briefe bis 20 g im Fernverkehr; damit wird der Zustand wieder hergestellt, der vor der Einführung der Reichsabgabe bis Ende Juli 1916 im deutschen Postverkehr bestand und im Weltpostvereinsverkehr von jeher Geltung gehabt hat.

Die **Warenproben** bis 100 g sollen keine Belastung erfahren; das Porto von 10 Pf. bleibt also unverändert. Damit wird den Bedürfnissen des Verkehrs, der zu einem großen Teile auf die geringwichtigen Warenproben angewiesen ist, Rechnung getragen.

Auch für die **Postanweisungen** sieht der Gesetzentwurf eine Abgabe vor, und zwar für die Postanweisungen bis 100 ℳ von 5 Pf., für alle höheren Beträge von 10 Pf. Die Gebühren sollen also auf die folgenden Sätze erhöht werden:

Postanweisungen	bis		5 ℳ	. . . .	15	Pf.
	über	5	„ 100 „	. . . .	25	„
	„	100	„ 200 „	. . . .	40	„
	„	200	„ 400 „	. . . .	50	„
	„	400	„ 600 „	. . . .	60	„
	„	600	„ 800 „	. . . .	70	„

Eine Erhöhung der Gebühren für Postanweisungen war bereits im Entwurfe zum Reichsabgabengesetze von 1916 in Aussicht genommen. Der Reichstag trug jedoch Bedenken, einer Verteuerung des Zahlungsverkehrs zuzustimmen. Da sich indessen die mißliche Lage der Reichskasse inzwischen sehr verschärft hat, muß jetzt auch diese Gruppe von Versendungsgegenständen in Zukunft zu einer Vermehrung der Einnahmen beitragen.

Der **Postscheckverkehr** selbst soll von der Abgabe völlig freibleiben. Hinsichtlich der Erwägungen, die hierfür bestimmend sind, wird auf die Begründung des dem Reichstag am 9. Februar 1918 vorgelegten Entwurfs eines Gesetzes, betreffend Änderung des Postscheckgesetzes (Nr. 1277 der Drucksachen des Reichstags 1914/18), Bezug genommen.

Abgesehen vom Postscheckverkehr sollen auch die **Zeitungen** von der Reichsabgabe freibleiben. Hierfür ist die Erwägung maßgebend, daß sich die Lage des Zeitungswesens während des Krieges, insbesondere auch wegen des Papiermangels, immer mehr verschlechtert hat.

b) **Zu Nr. 11.**

Die mit der bestehenden Reichsabgabe gemachten Erfahrungen haben erkennen lassen, daß der **Telegraphenverkehr** eine mäßige Erhöhung des Zuschlags wohl vertragen kann. Die Reichsabgabe für Telegramme soll daher von 2 auf 3 Pf. und der Mindestzuschlag von 10 auf 15 Pf. heraufgesetzt werden. Die in die Zusammenstellung aufgenommene Vorschrift über die Abrundung der Telegrammgebühren entspricht dem Gesetze, betreffend Abänderung des Gesetzes, betreffend eine mit den Post- und Telegraphengebühren zu erhebende außerordentliche Reichsabgabe, vom 18. Juni 1917 (RGBl. S. 551).

c) **Zu Nr. 13 bis 15.**

In dem 1916 von den verbündeten Regierungen vorgelegten Gesetzentwurfe war für die Pauschgebühren, für die Grundgebühren und für die Ortsgesprächsgebühren der **Fernsprechanschlüsse**, für die Gebühren für **Fernsprechnebenstellen**, für die Pauschgebühren und für die **Gesprächsgebühren** im **Vororts- und Bezirksverkehr** sowie für die **Gesprächsgebühren** im **Fernverkehr** ein Zuschlag von 20 v. H. vorgesehen. Der Satz ist bei der Beratung im Reichstag auf 10 v. H. ermäßigt worden. Dieser Zuschlag ist nunmehr auf 20 v. H. wiederhergestellt worden. Die minder wichtigen oder für das geldliche Ergebnis nur wenig in Betracht kommenden **anderen** Gebühren sollen wie bisher **frei** bleiben.

Für die in der Zusammenstellung unter Nr. 1b (Fernbriefe), Nr. 2a (Postkarten im Orts- und Nachbarortsverkehr), Nr. 8 (Briefe mit Wertangabe), Nr. 9 (Postauftragsbriefe) und Nr. 12 (Rohrpostbriefe und Rohrpostkarten) aufgeführten Gegenstände ist die schon jetzt zur Erhebung kommende Reichsabgabe nicht geändert worden.

II. Zu den Anmerkungen I bis III, betreffend die Ermäßigungen, Befreiungen und Übergangsvorschriften.

Diese Vorschriften sind aus dem **Reichsabgabengesetze vom 21. Juni 1916** übernommen.

In der ersten Zeit nach dem Inkrafttreten der neuen Reichsabgabe muß damit gerechnet werden, daß bei der Freimachung von Sendungen der in der Zusammenstellung unter Nr. 1a und 2b bis 6 aufgeführten Gruppen in zahlreichen Fällen die neue Reichsabgabe vom Absender versehentlich, insbesondere aus Unkenntnis, nicht berücksichtigt wird. Nach den geltenden Vorschriften (Postordnung für das Deutsche Reich vom 28. Juli 1917 § 37 IV [Briefe im Orts- und Nachbarortsverkehr], § 7 VII [Postkarten], § 8 XIII [Drucksachen], § 9 VI [Geschäftspapiere], § 10 X [Warenproben], § 11 III [Mischsendungen]) müßte in solchen Fällen vom Empfänger oder Absender an Postgebühren das Doppelte des Fehlbetrags eingezogen werden. Es ist entsprechend dem Vorgehen bei Einführung der Reichsabgabe von 1916 (Reichsabgabengesetz vom 21. Juni 1916, Anmerkung III Übergangsvorschriften a zur „Zusammenstellung der Reichsabgaben im Post- und Telegraphenverkehr" — RGBl. S. 579 — und Verordnung des Reichskanzlers vom 12. Juli 1916, betreffend Änderung der Postordnung vom 20. März 1900, vorletzter Absatz „Übergangsvorschrift" — RGBl. S. 741 —) vorgesehen, für eine **Übergangszeit** von zwei Monaten im Wege der **Verordnung** nachzulassen, daß bei den Sendungen, die nach den bisherigen Vorschriften freigemacht sind, nur der Betrag der neuen Reichsgabe nacherhoben wird.

Sachregister.

(Die Zahlen verweisen auf die Seiten.)

A.

B.

D.

E.

F.

G.

O.

P.

R.

S.

T.

U.

V.

W.

Z.

Druck von A. W. Hayn's Erben, Potsdam

November 1919

Guttentagsche Sammlung

Deutscher Reichsgesetze
und
Preußischer Gesetze

Textausgaben mit Anmerkungen und Sachregister — Taschenformat — Gebunden in ganz Leinen —

enthält alle wichtigeren Gesetze in absolut zuverlässigen Gesetzestexten und in mustergültiger, gemeinverständlicher Weise erläutert

Das am Schluß befindliche Schlagwortregister wird geneigter Beachtung empfohlen

Der Teuerungszuschlag des Verlages ist in den aufgeführten Preisen enthalten, der 10prozentige Zuschlag des Sortiments dagegen nicht.

Vereinigung wissenschaftlicher Verleger
Walter de Gruyter & Co.
vormals G. J. Göschen'sche Verlagshandlung — J. Guttentag, Verlagsbuchhandlung — Georg Reimer — Karl J. Trübner — Veit & Comp.
Berlin W 10, Genthiner Straße 38.

in den angeführten Preisen enthalten.

Guttentagsche Sammlung Deutscher Reichsgesetze.

Nr. 9. Sammlung **kleinerer strafrechtlicher Reichsgesetze.** Von Prof. Dr **R. H. Kriegsmann. 3. Aufl. — 1910.** 5,85 *M*

Nr. **10.** Das **Reichsbeamtengesetz** vom 31. März 1873. Von **J. Pieper. 2. Aufl. — 1901.** 6,50 *M*

Reichsbeamtengesetz von **1907**, siehe Nr. **82.**

Nr. **11. Zivilprozeßordnung mit Gerichtsverfassungsgesetz.** Von **R. Sydow.** Fortgeführt von Reichsgerichtsrat **L. Busch** und Landrichter Dr. **Krantz. 15. Aufl.** Gr. **8°.** — Im Druck.

Nr. **12. Strafprozeßordnung und Gerichtsverfassungsgesetz** nebst den Gesetzen, betr. die Entschädigung der im Wiederaufnahmeverfahren freigesprochenen Personen und die Entschädigung für unschuldig erlittene Untersuchungshaft. Von Reichs-G.Rat Dr **A. Hellweg. 17. Aufl.,** bearbeitet von Prof. Dr **Kohlrausch. — 1918.** 5,50 *M*

Nr. **13. Konkursordnung und Anfechtungsgesetz.** Von **R. Sydow.** Fortgeführt von **L. Busch. 12. Aufl. — 1916.** 5,45 *M*

Nr. **14. Gerichtsverfassungsgesetz** mit Einführungsgesetz. Herausgegeben von **R. Sydow.** Fortgeführt von **L. Busch. 9. Aufl. — 1905.** 2,35 *M*

Nr. **15. Das Deutsche Gerichtskostengesetz** nebst den Gebührenordnungen für Gerichtsvollzieher, Zeugen und Sachverständige. Von **R. Sydow.** Fortgeführt von Reichsgerichtsrat **L. Busch** und Amtsrichter **Koehler. 10. Aufl.** — Im Druck.

Nr. **16. Rechtsanwaltsordnung.** Von **R. Sydow. 5. Aufl.** von Justizrat **M. Jacobsohn.** Mit Nachtrag, enth. die Bestimmungen vom 22. Mai 1910. — **1907.** 1,95 *M*

Nr. **17.** Die **Deutsche Gebührenordnung für Rechtsanwälte und das Preußische Gebührengesetz** vom 27. IX. / 6. X. 1899.

Guttentagsche Sammlung Deutscher Reichsgesetze.

Von **R. Sydow.** Fortgeführt von **L. Busch. 11. Aufl.** Mit Nachtrag, enth. die Änderungen der Deutschen Gebührenordnung vom 16. Nov. 1916 und 1. April 1918 und der Preuß. Gebührenordnung vom 6. Juli 1918 nebst Tabellen. (Nachtrag apart 80 Pf.) 4,40 M

Nr. **18. Reichsstempelgesetz** vom 3. Juli 1913. (Börsen-, Lotterie-, Frachturkunden-, Fahrkarten-, Kraftfahrzeug-, Tantieme-, Scheck- und Grundstücksübertragungssteuer.) Mit den gesamten Ausführungsbestimmungen. Von Geh. Reg.Rat **P. Loeck. 12. Aufl. — 1914. 8°.** 13,— M

Neue Auflage unter Berücksichtigung der inzwischen ergangenen Abänderungsbestimmungen in Vorbereitung.

Nr. **19.** Die **Seegesetzgebung.** Von Dr **W. E. Knitschky. 5. Aufl.** bearbeitet von Ober-L.G.Rat **O. Rudorff. — 1913.** 11,— M

Nr. **20. Krankenversicherungsgesetz (1883).** Von weil. Dr **E. von Woedtke.** — Neue Fassung **(1911)**, siehe **Nr. 107.**

Nr. **21.** Die **Konsulargesetzgebung.** Von Prof. Dr **Ph. Zorn. 3. Aufl.** von Dr **A. Zorn. — 1911.** 6,50 M

Nr. **22. Patentgesetz.** Nebst Ausführungsbestimmungen, völkerrechtlichen Verträgen und der Patentanwalts-Ordnung. **7. Aufl.** bearbeitet von **R. Lutter,** Geh. Reg.Rat im Kaiserl. Patentamt. — **1908.** 4,15 M

(Kriegsvorschriften auf dem Gebiete des gewerblichen Rechtsschutzes. Von **R. Lutter. — 1917.** 8°. 2,50 **M.)**

Nr. **23. Gewerbe-Unfallversicherungsgesetz. (1884.)** Von weil. Dr **E. v. Woedtke.** — Neue Fassung **(1911)**, siehe **Nr. 108.**

Nr. **24. Aktiengesellschaft und Kommanditgesellschaften auf Aktien.** Von Dr **H. Keyßner** und Dr **H. Veit Simon. 6. Aufl.** von Amtsrichter **L. Keyßner. — 1911.** 4,40 M

Nr. **25. Brausteuergesetz** vom 15. Juli 1909. Von Oberzollrevisor **A. Düffe. 2. Aufl. — 1910.** 4,40 M

Nr. **26.** Die Reichsgesetzgebung über **Münz- und Notenbankwesen,** Papiergeld, Prämienpapiere und Reichsschulden. Von Dr **R. Koch. 6. Aufl. — 1910.** 5,25 M

n den angeführten Preisen enthalten.

Guttentagsche Sammlung Deutscher Reichsgesetze.

Nr. **27. Gesundheitswesen im Deutschen Reich.** Von Dr jur. **E. Goesch** und Dr med. **J. Karsten. — 1888.** 2,60 ℳ

Nr. **28. Bau-Unfallversicherungsgesetz.** Vom 30. Juni 1900. Von **R. Chrzescinski.** Neue Fassung **(1911)**, siehe Nr. **108.**

Nr. **29. Erwerbs- und Wirtschaftsgenossenschaften.** Von **L. Parisius** und Dr **H. Crüger. 16. neu bearbeitete Aufl.** von Dr **H. Crüger. — 1919.** — Im Druck.

Nr. **30. Invalidenversicherungsgesetz** (1899). Von weil. Dr **E. v. Woedtke.** Neue Fassung **(1911)**, siehe Nr. **109.**

Nr. **31. Gewerbegerichtsgesetz.** Von Stadtrat **L. Mugdan. 7. Aufl.** bearbeitet von Oberbürgermeister **W. Cuno. — 1911.** 3,65 ℳ

Nr. **32.** Reichsgesetz, betr. die **Gesellschaften mit beschränkter Haftung.** Von **L. Parisius** und Dr **H. Crüger. 14. Aufl.** von Dr **H. Crüger. — 1919.** — Im Druck.

Nr. **33. Vereins- und Versammlungsrecht.** Von Dr **E. Ball. 2. Aufl.** von Dr **F. Friedenthal. — 1907.** 3,65 ℳ

Reichs-Vereinsgesetz vom 19. April 1908, siehe Nr. **88.**

Nr. **34.** Die **Abzahlungsgeschäfte.** Gesetz vom 16. Mai 1894. **3. Aufl.** von Land-G.Rat Dr **E. Wilke. — 1910.** 2,10 ℳ

Nr. **35.** Die **Reichs-Eisenbahngesetzgebung.** Von Kaiserl. Amtsrichter **W. Coermann. — 1895.** 3,40 ℳ. S. auch Nr. **66.**

Nr. **36.** Gesetze, betr. die **privatrechtlichen Verhältnisse der Binnenschiffahrt und der Flößerei.** Von Geh. Justizrat **E. Löwe. 5. Aufl. — 1915.** 5,20 ℳ

Nr. **37.** Gesetz gegen den **unlauteren Wettbewerb.** Von Justizrat **A. Pinner. 6. Aufl. — 1912.** 2,35 ℳ

Guttentagsche Sammlung Deutscher Reichsgesetze.

Nr. **38/39. Bürgerliches Gesetzbuch nebst Einführungsgesetz** von Dr **A. Achilles.** In Verbindung mit Prof. Dr **André,** Senatspräsident **Meyer,** Reichs-G.Rat Dr **Strecker,** Staatsrat Dr **v. Unzner.** Herausgegeben von Wirkl. Geh. Ob.J.Rat u. Ober-L.G.Präsident **Greiff. 9.** vermehrte **Aufl. 8°. — 1919.** — Im Druck

Nachtrag: **Bestimmungen über das Erbbaurecht** v. 15. Januar 1919. —,60 *M*

Nr. **40.** Gesetz, betr. die **Pflichten der Kaufleute bei Aufbewahrung fremder Wertpapiere [Depotgesetz].** Von Min.-Dir. **F. Lusensky. 3. Aufl. — 1916.** 3,25 *M*

Nr. **41. Börsengesetz.** Von **Th. Hemptenmacher. 2. Aufl.** von Syndikus **O. Meyer. — 1915.** 5,20 *M*

Nr. **42. Grundbuchordnung** nebst den preuß. Ausf.-Bestimmungen. Von Prof. Dr **O. Fischer. 7. Aufl. — 1919.** — Im Druck.

Nr. **43. Zwangsvollstreckung in das unbewegliche Vermögen** im Reiche und in Preußen. **Kosten-** und Gebührentabellen. Von Dr **J. Krech** u. Dr **O. Fischer. 8. Aufl.** bearbeitet von Prof. Dr **O. Fischer. — 1916.** 8,90 *M*

Nr. **44.** Das Reichsgesetz über das **Auswanderungswesen.** Von Prof. Dr **F. Stoerk. — 1899.** 3,25 *M*

Nr. **45.** Das **Entmündigungsrecht** mit den für Preußen geltenden Vorschriften nebst Just.-Min.-Verfügung vom 28. Nov. 1899. Von Land-G.Rat Dr **P. Koll. — 1900.** 2,35 *M*

Nr. **46.** Die Gesetze des **Reiches** und **Preußens** über die **freiwillige Gerichtsbarkeit.** Von Amts-G.Rat **H. Jastrow. 5. Aufl.** — Vergriffen! — Neue Auflage in Vorbereitung.

Nr. **47.** Das **deutsche Vormundschaftsrecht** und das preuß. Gesetz über die Fürsorgeerziehung Minderjähriger. Von Ober-Verw.G.Rat **M. Schultzenstein** u. Amts-G.Rat Dr **P. Köhne. 2. Aufl. — 1901.** 4,40 *M*

in den angeführten Preisen enthalten.

Guttentagsche Sammlung Deutscher Reichsgesetze.

Nr. 48. Gesetze, betr. den **Drogen-, Gift- und Farbenhandel** außerhalb der Apotheken. Von Dr **J. Broh.** — **1899.** 1,95 M

Nr. 49. Deutsche **Kolonialgesetzgebung.** Von Geh. J.Rat Prof. Dr **Ph. Zorn. 2. Aufl.** von G.Assessor Dr **Sassen.** — **1913.** 10,40 M

Nr. 50. Der **Viehkauf [Viehgewährschaft] nach dem BGB.** Verordnung betr. die Hauptmängel und Gewährsfristen beim Viehhandel. Von Rechtsanwalt Dr **H. Stölzle** und Königl. Reg.- u. Vet.Rat **H. Weiskopf. 5. Aufl.** — **1913.** 8,45 M

Nr. 51. **Hypothekenbankgesetz** vom 13. Juli 1899. Von Dr **H. Göppert. 2. Aufl.** bearbeitet von Geh. Reg.Rat Dr **Seidel.** — **1911.** 8,40 M

Nr. 52. Gesetz, betr. die gemeinsamen **Rechte der Besitzer von Schuldverschreibungen.** Von Dr **H. Göppert. 2. Aufl.** bearbeitet von Amtsrichter Dr **E. Trendelenburg.** — **1915.** 2,60 M

Nr. 53. **Reichspreßgesetz** vom 7. Mai 1874. Mit Kommentar von Bürgermeister **A. Born. 2. Aufl.** — **1911.** 3,10 M

Nr. 54. Verkehr mit **Nahrungsmitteln, Genußmitteln** und **Gebrauchsgegenständen.** Von Dr **G. Lebbin,** Nahrungsmittelchemiker in Berlin. — **1900.** 3,25 M

Nr. 55. Das Recht der **Beschlagnahme von Lohn- und Gehaltsforderungen.** Von Justizrat **G. Meyer. 5. Aufl.** — **1914.** 3,90 M

Nr. 56. Gesetz, betr. die **Bekämpfung gemeingefährlicher Krankheiten.** Nebst Ausf.-Bestimmungen. Von Reg.Rat Dr **B. Burkhardt.** — **1900.** 2,10 M

Nr. 57. **See-Unfallversicherungsgesetz** (1887). Von Ober-L.G.Rat Dr **M. Mittelstein.** — Neue Fassung **1911**, siehe Nr. **103.**

Guttentagsche Sammlung Deutscher Reichsgesetze.

Nr. **58. Das Recht der unehelichen Kinder nach dem BGB.** Von Amtsgerichtsrat. **H. Jastrow. — 1901.** 2,60 *M*

Nr. **59.** Reichsgesetz über die **Beurkundung des Personenstandes und die Eheschließung.** Von Amts-G.Rat Dr **F. Fidler.** 2. **Aufl. — 1912.** 3,65 *M*

Nr. **60.** Gesetz, betr. das **Urheberrecht an Werken der Literatur und der Tonkunst.** Von Geh. Ob.J.Rat **D. Lindemann.** 3. **Aufl. — 1910.** 2,35 *M*

Nr. **61.** Gesetz über das **Verlagsrecht.** Von Rechtsanwalt Dr **B. Marwitz. 2. Aufl. — 1911.** 2,60 *M*

Nr. **62.** Gesetz über **private Versicherungsunternehmungen.** Von Reichs-G.Rat **H. Könige. 2. Aufl. — 1910.** 5,85 *M*

Nr. **63. Gesetzestafel des Deutschen Reichsrechts.** Systematisch geordnete Nachweisung des z. Z. geltenden Reichsrechts. Von **H. Bruhns. 2. Aufl. — 1913.** 5,20 *M*

Nr. **64.** Gesetzsammlung betr. den **Handel mit Drogen und Giften.** Mit Anhang: landesgesetzliche Verordnungen sämtlicher Bundesstaaten. Von Rechtsanwalt **H. Sonnenfeld,** Syndikus der Berliner Drogisten-Innung. **2. Aufl. — 1912.** 5,85 *M*

Nr. **65.** Das **Weingesetz** in der Fassung von 1909. Mit Ausf.-Bestimmungen von Dr **G. Lebbin,** Nahrungsmittelchemiker. **2. Aufl. — 1909.** 3,65 *M*

Nr. **66.** Die **Eisenbahn-Gesetzgebung.** Von **W. Pietsch,** Rechn.Rat im Reichseisenbahnamt. **2. Aufl. — 1913.** 5,20 *M*

Nr. **67. Militär-Strafgesetzbuch für das Deutsche Reich.** Von Wirkl. Geh. Kriegsrat Dr **A. Romen** und Kriegsgerichtsrat Dr **C. Rissom. 3. Aufl. — 1918.** 14,50 *M*
— — Feldausgabe in 2 Bänden, gebunden 15,— *M*

Nr. **68.** Das **Fleischbeschaugesetz.** Vom 3. Juni 1900. Von Dr **G. Lebbin** u. Dr **G. Baum. — 1903.** 5,85 *M*

in den angeführten Preisen enthalten.

Guttentagsche Sammlung Deutscher Reichsgesetze.

Nr. 69. Reichsgesetz über die **Naturalleistungen der bewaffneten Macht im Frieden** nebst den preußischen Bestimmungen. Von Dr **W. v. Hippel. — 1903.** 2,10 *M*

Nr. 70. Das **Reichs-Haftpflichtgesetz** vom 7. Juni 1871. Von Reg.Rat Dr **G. Eger. — 1903** Vergriffen.

Nr. 71. Gesetz betr. **Kinderarbeit in gewerblichen Betrieben** vom 30. März 1903. Von Ober-Verw.G.Rat **H. Spangenberg. 2. Aufl. — 1904.** 2,35 *M*

Nr. 72. **Unfallversicherungsgesetz für Land- und Forstwirtschaft.** (1886). Von weil. Dr **E. v. Woedtke.** Siehe Nr. **108.**

Nr. 73. **Entschädigung für unschuldig erlittene Verhaftung und Bestrafung.** Anhang: Nebengesetze über Schadensersatz. Von Wirkl. Geh. Kriegsrat Dr **A. Romen. — 1904.** 3,10 *M*

Nr. 74. Die **Kaufmannsgerichte** nebst Ausf.-Bestimmungen. Von Prof. Dr **M. Apt. 3. Aufl. — 1904.** 3,10 *M*
Siehe auch Nr. **112.**

Nr. 75. Reichsgesetz über die **Konsulargerichtsbarkeit.** Von Rechtsanwalt Dr **A. F. Vorwerk,** Schanghai. **2. Ausgabe,** mit den Schutzgebietsgesetzen. — **1908.** 3,10 *M*

Nr. 76. **Die Rechtshilfe im Verkehr mit den ordentlichen Gerichten** nach deutschem Reichsrecht. Von Landrichter **Dr A. Friedländer. — 1906.** 2,60 *M*

Nr. 77. **Das Erbschaftssteuergesetz.** Vom 10. September 1919. Von **B. Henckel.** — In Vorbereitung.

Nr. 78. **Zigarettensteuergesetz.** Vom 3. Juni 1906. Von Reg.Assessor Dr **Cuno.**

Nr. 79. **Die Militärpensionsgesetze** vom 31. Mai 1906 nebst Ausf.-Bestimmungen. Zum Gebrauch für Heer, Marine

Guttentagsche Sammlung Deutscher Reichsgesetze.

und Schutztruppe von **Wirkl. Geh. Kriegsrat Dr A. Romen**
a) I. Teil: **Offizierpensionsgesetz. — 1907.** 4,95 ℳ
b) II. Teil: **Mannschaftsversorgungsgesetz** mit Nachtrag, enth. **Kapitalabfindungsgesetz** vom 3. Juli 1916. — **1908.** 4,95 ℳ

Militärversorgungsgesetze siehe auch Nr. **136.**

Nr. **80.** Reichsgesetzgebung über **gerichtliche Registerführung.** Von Geh. Ob.J.Rat **O. Lindemann. — 1906.** 4,40 ℳ

Nr. **81. Urheberrecht an Werken der bildenden Künste und der Photographie.** Von Rechtsanwalt **Dr L. Fuld. — 1907.** 1,60 ℳ

Nr. **82. Reichsbeamtengesetz** vom 18. Mai 1907 mit Ergänzungen von Geh.Rat Prof. **Dr A. Arndt. — 1908.** 4,40 ℳ

Nr. **83.** Reichsgesetz über den **Versicherungsvertrag** nebst Einführungsgesetz. Von **Dr P. Hager** und **Dr E. Bruck. 3. verm. u. verb. Aufl. — 1913.** 8,45 ℳ

Nr. **84. Sammlung kleinerer privatrechtlicher Reichsgesetze.** Von Ober-L.G.Rat **G. Müller. — 1908.** 9,10 ℳ

Nr. **85. Scheckgesetz.** Von Prof. **Dr M. Apt.** Vergriffen. Siehe Nr. **113.**

Nr. **86. Die Auslieferungsverträge des Deutschen Reiches.** Von Landrichter **Dr A. Cohn. — 1908.** 5,85 ℳ

Nr. **87.** Gesetz zum **Schutz der Warenbezeichnungen.** Von Geh. Reg.Rat, Mitgl. des Kaiserl. Patentamts **Dr Freund** und Rechtsanwalt **Magnus. 5. Aufl. — 1909.** 5,20 ℳ

Nr. **88. Vereinsgesetz** vom 19. April 1908. Von Wirkl. Geh. Kriegsrat **Dr A. Romen.** Mit den **neuen Bestimmungen über Jugendliche und Gewerkschaften. 4. Aufl. — 1916.** 4,55 ℳ

Nr. **89. Vogelschutzgesetz** vom 30. Mai 1908 nebst den das Flugwild betr. Bestimmungen der Preuß. Jagdordnung. Von **Dr L. v. Boxberger. — 1909.** 1,60 ℳ

in den angeführten Preisen enthalten.

Guttentagsche Sammlung Deutscher Reichsgesetze.

Nr. **90. Die** Haager Abkommen über das **Internationale Privatrecht.** Von Dr **G. Bogeng. — 1908.** 3,25 *M*

Nr. **91. Eisenbahn-Verkehrsordnung** mit Ausf.-Bestimmungen. Von Reg.Rat Dr **E. Blume. — 1909.** 3,65 *M*

Nr. **92.** Gesetz, betr. den **Verkehr mit Kraftfahrzeugen.** Von Amts-G.Rat **R. Kirchner. 3. Aufl. — 1915.** 5,85 *M*

Nr. **93.** Gesetz über die **Sicherung der Bauforderungen.** Von Justizrat Dr **E. Harnier. 3. Aufl. — 1912.** 2,35 *M*

Nr. **94. Haftpflicht der Reichs- und Staatsbeamten** von Dr **H. Delius. 2. Aufl.**, mit dem Gesetz über Haftung des Reichs für Beamte vom 22. Mai 1909. — **1909.** Vergriffen.

Nr. **95.** Die Berner Übereinkunft **über Internationales Urheberrecht.** Von Geh.Rat Dr **H. Dungs. — 1910.** 1,60 *M*

Nr. **96. Branntweinsteuergesetz** vom 15. Juli 1909 mit den für das Reich erlassenen Ausf.-Bestimmungen und Kriegsverordnungen. **2. Aufl.**, bearbeitet von Reg.Assessor Dr **K. Kniebe**, Hilfsarbeiter im Reichsamt d. Innern. — **1916.** 5,20 *M*

Branntweinmonopolgesetz siehe Nr. **131 a.**

Nr. **97. Schutzgebietsgesetz** nebst dem G. über die Konsulargerichtsbarkeit sowie den Ausf.-Bestimmungen. Von **J. Gerstmeyer**, Wirkl. Legationsrat. — **1910.** 4,40 *M*

Nr. **98. Sechs Haager Abkommen** über **Internationales Privatrecht.** Von Geh. Ob.Reg.Rat Dr **H. Dungs. — 1910.** 2,35 *M*

Nr. **99. Die Abkommen der Haager Friedenskonferenz.** Von Dr **H. Wehberg. — 1910.**

Vergriffen. Neue Bearbeitung im Druck.

Nr. 100. Gesetz über den **Absatz von Kalisalzen.** Von Geh. Bergrat **E. Boelkel. — 1910.** 3,40 *M*

Guttentagsche Sammlung Deutscher Reichsgesetze.

Nr. **101. Zuwachssteuergesetz** vom 14. Februar 1911. **Von** Geh. Reg.Rat Dr **W. Cuno. — 1911.** 5,20 ℳ

Nr. **102. Urheberrecht an Mustern und Modellen** und Ge. betr. Schutz von **Gebrauchsmustern.** Von Reg.Rat **J. Neuberg,** Mitgl. d. Kaiserl. Patentamts. — **1911.** 3,40 ℳ

Nr. **103. Reichs-Viehseuchengesetz** vom 26. Juni 1909 nebst Ausführungsvorschriften u. dem preuß. Ausführungsgesetz. Von Landrat Dr **W. v. Hippel. 2. Aufl. — 1912.** 6,50 ℳ

Nr. **104. Versicherungsgesetz für Angestellte.** Von Rechtsanwalt **O. Bernstein** u. Dr **J. Kupferberg. 2. Aufl. — 1912.** Vergriffen.

Nr. **105. Das Geldwesen in den deutschen Schutzgebieten.** Von **W. Hintze,** Geh. Sekr. im Reichskolonialamt. — **1912.** 2,90 ℳ

Nr. **106—109. Reichs-Versicherungsordnung nebst Einführungsgesetz.** Herausgegeben unter Mitwirkung von Dr **F. Caspar,** Wirkl. Geh. Rat, Direktor im Reichsamt d. Innern und **A. Spielhagen,** Geh. Ob.Reg.Rat, vortr. Rat im Reichsamt d. Innern. **4 Bände.**

Nr. **106.** I., V. u. VI. Buch. **Gemeinsame Vorschriften. — Beziehungen der Versicherungsträger zu einander und zu anderen Verpflichteten. — Verfahren.** Von Dr **K. Lippmann,** Reg.Rat im Reichs-Vers.Amt, Geh. Reg.Rat Dr **L. Laß** und Geh. Reg.Rat **H. Siefart. — 1913.** 8,45 ℳ

Nr. **107.** II. Buch. **Krankenversicherung.** Von Geh.Reg.Rat **H. Siefart** u. Reg.Rat Dr **F. Sitzler. — 1916.** 9,75 ℳ

Nr. **108.** III. Buch. **Unfallversicherung.** Von **A. Radtke,** Geh. Reg.Rat im R.Vers.Amt. — **1913.** 11,— ℳ

Nr. **109.** IV. Buch. **Invaliden- und Hinterbliebenenversicherung.** Von Geh. Ob.Reg.Rat **B. Jaup,** vortr. Rat im Reichsamt d. Innern, und **H. Follmann,** Geh. Reg.Rat im R.Vers.Amt. — **1912.** Mit Nachtrag. 1914—1916. 5,85 ℳ

Nr. **110. Wehrbeitragsgesetz** mit Ausf.-Bestimmungen. Von Wirkl.Geh.Ob.Fin.Rat **A. Fernow. 2. Aufl. — 1913.** 2,90 ℳ

Nr. **111. Reichs- und Staatsangehörigkeitsgesetz.** Von Wirkl. Geh. Kriegsrat Dr **A. Romen. — 1913.** 8,25 ℳ

in den angeführten Preisen enthalten.

Guttentagsche Sammlung Deutscher Reichsgesetze.

Nr. 112. **Kaufmannsgerichtsgesetz** mit Best. des Gewerbegerichtsgesetzes. Von Dr **H. Depène,** Vors. des Kaufmannsgerichts zu Berlin. — 1914. 3,65 ℳ

Nr. 113. **Postscheckgesetz.** Von Oberpostinspektor **J. Weiland.** — 1914. Mit Nachtrag 1918. 2,35 ℳ

Nr. 113 a. **Postscheckordnung** mit Ausf.-Bestimmungen. Von **J. Weiland.** — 1914. Mit Nachtrag 1918. 2,35 ℳ

Nr. 114. **Waffengebrauch und Festnahmerecht des Militärs.** Von Wirkl. Geh. Kriegsrat Dr **A. Romen** und Kriegsgerichtsrat Dr **C. Rissom.** — 1914. 2,90 ℳ

Nr. 115. **Das vertragliche Wettbewerbsverbot [Konkurrenzklausel].** Nebst Kommentar zum G. v. 10. Juni 1914. Von Rechtsanwalt Dr **G. Baum.** — 1914. 4,40 ℳ

Nr. 116. **Kriegs-Zivil- und -Finanzgesetze** vom 4. Aug. 1914 und den dazu erlassenen Verordnungen und Bekanntmachungen. 3. Aufl. — 1915. 3,40 ℳ

Nr. 116 a. Zweite Folge: **Das Jahr 1915.** — 1916. Siehe auch Nr. 129 2,90 ℳ

Nr. 117. **Darlehnskassengesetz.** Von Rechtsanwalt **Salomon** und Bankvorsteher **Bud.** — 1915. 2,90 ℳ

Nr. 118. **Militärhinterbliebenengesetz.** Von Rechn.Rat **Reh.** Mit Nachtrag, enth. das **Kapitalabfindungsgesetz** vom 11. Juli 1916. — 1915. — (Siehe auch Nr. 136.) 3,65 ℳ

Nr. 119. **Kriegsleistungsgesetz.** Von Rechtsanwälten J.Rat **Heilberg** und **Schäffer.** — 1915. 4,15 ℳ

Nr. 120. **Telegraphenwegegesetz.** Von Postreferendar **Wolf.** — 1916. 2,85 ℳ

Nr. 121. **Direkte Kriegssteuer.** Gesetze z. Besteuerung der Kriegsgewinne Von Ob.Verw.Gerichtsrat **A. Mrozek.** —1916. 5,85 ℳ

Nr. 122. **Gesetz über den Belagerungszustand.** Von Kriegsgerichtsrat Dr **H. Pürschel.** — 1916. 6,50 ℳ

Nr. 123. **Warenumsatzstempel.** Von Geh. Ober-Justizrat **Lindemann.** — 1916. 3,25 ℳ

Umsatzsteuergesetz — 1918. Siehe Nr. 132. (Gesetz von 1919 in Vorbereitung.)

Der Teuerungszuschlag des Verlages ist

Guttentagsche Sammlung Deutscher Reichsgesetze.

Nr. 124. **Todeserklärung Kriegsverschollener.** Von Prof. Dr **J. Partsch.** — **1916.** 3,90 M

Nr. 125. Das Gesetz über den **vaterländischen Hilfsdienst.** **3. vermehrte Aufl.** — **1917.** 1,50 M

Nr. 126. **Besitzsteuergesetz** mit Ausf.-Bestimmungen. Von Ob.Verw.Gerichtsrat **A. Mrozek.** — **1917.** 6,— M

Nr. 127. Verordnung über die **Geschäftsaufsicht zur Abwendung des Konkurses** vom 14. Dez. 1916. Von Rechtsanwalt **G. Klien,** mit system. Einleitung von Geh. Hofrat Dr **Ernst Jaeger** ord. Prof. a. d. Universität Leipzig. — **1917.** 2,— M

Nr. 128. Gesetz betr. die **Verhaftung u. Aufenthaltsbeschränkung** vom 4. Dez. 1916. Nebst Anhang, betr. **Entschädigung unschuldig** Verhafteter. Von Wirkl. Geh. Kriegsrat Dr **A. Romen.** — **1917.** 2,50 M

Nr. 129. Kriegsgesetze auf dem Gebiete des **Zivil-** und **Prozeßrechtes,** für die gerichtliche Praxis zusammengestellt von Amtsrichter Dr **Johannes Fischer.** — **1918.** 4,— M

Nr. 130. **Ersatzlebensmittelverordnung** nebst Ausführ. Vorschr. des Reichs und der wichtigsten Bundesstaaten. Verordnungen über **Schleichhandel, Preistreiberei und Papierhandel.** Von **Heinz Emil Wendel,** Polizeirat in Berlin. — **1918.** 2,— M

Nr. 131 a. **Reichsfinanzgesetzgebung 1918.** Bd. I. **Getränkesteuern** (Bier, Branntwein, Wein, Schaumwein, Limonaden). Von Dr. **G. Mayer.** — **1918.** 6,50 M

Nr. 131 b. **Reichsfinanzgesetzgebung 1918.** Bd. II. **Abgabe** vom **Einkommen, Umsatz, Kriegsgewinn** usw., **Steuerflucht.** Von Dr. **G. Mayer.** — **1919.** 4,— M

Nr. 132. **Umsatzsteuergesetz** und Ausführungsbestimmungen. Von Geh. Ober-Justizrat **Otto Lindemann,** vortr. Rat im Justizministerium. — **1918.** 5,50 M

Neues Gesetz von 1919 in Vorbereitung.

Nr. 133. **Reichswuchergesetzgebung.** Von Reichsgerichtsrat Dr. **Ad. Lobe.** — **1918.** 6,50 M

Nr. 134. **Die Friedensverträge** Von Dr. **Karl Strupp.** I. **Die Ostfrieden.** — **1918.** 12,— M

Nr. 135. Verordnung über das **Erbbaurecht.** Von Landrichter Dr. **Hermann Günther.** 5,— M

in den angeführten Preisen enthalten.

Guttentagsche Sammlung Deutscher Reichsgesetze.

Nr. 136. **Militärversorgungsgesetze.** Von Landrichter Dr. **Hermann Günther. — 1919.** 6,50 *M*

Nr. 137. **Die neue Verfassung des Deutschen Reiches.** Von Prof. Dr. **A. Arndt.** Im Druck.

Nr. 138. **Arbeitsverfassung, Arbeitsrecht und Arbeitsschutz.** Von Prof. Dr. **A. Günther.** Im Druck.

Nr. 139. **Die Siedelungsgesetzgebung im Reich und in Preußen.** Von Geh. Ob.-Justizrat **W. Holzapfel.** Im Druck.

☛ **Die neuen Steuergesetze siehe Seite 31 dieses Verzeichnisses.**

Guttentagsche Sammlung
Preußischer Gesetze
Text-Ausgaben mit Anmerkungen. Taschenformat.

Nr. 1. **Die Verfassungs-Urkunde** für den Preußischen Staat Mit Einleitung, vollständigem Kommentar. Von Prof. Dr **A. Arndt. 7. Aufl. — 1911.** 5,85 M

Nr. 2. Preußische **Beamten-Gesetzgebung.** Enth. die wichtigsten Beamtengesetze in Preußen. Von **K. Pfafferoth. 5. Aufl. — 1916.** 3,90 M

Nr. 3. **Aufnahme** von **Nottestamenten** durch die bestellten Urkundspersonen. Anweisung mit Musterbeispielen. Von Amts-G.Rat **E. Kurtz. — 1904.** 2,35 M

Nr. 4. **Gebührenordnung** für **Notare** vom 25. Juli 1910. **5. Aufl.** von Justizrat **Rausnitz. — 1917.** 5,— M

Nr. 5. Gesetz vom **24. April 1854 [betr. die außerehel. Schwängerung].** Von Dr **Schulze. — 1873.** 1,— M
Reichs-Recht siehe: Reichsgesetze Nr. **58.**

Nr. 6. Die Preuß. **Ausführungsgesetze und Verordnungen zu den Reichs-Justizgesetzen.** Von **R. Sydow.**
Ersetzt durch Busch-Eylau, Ausführungsgesetze.

Nr. 7. Allg. **Gerichtsordnung** und Preuß. **Konkursordnung.** Von **F. Vierhaus.** Vergriffen.

Nr. 8. **Vormundschaftsordnung.** Von **F. Schultzenstein.**
Reichs-Recht siehe: Reichsgesetze Nr. **47.**

Nr. 9. Die Preußische **Grundbuchgesetzgebung.** Von Prof. Dr **Fischer.** Vergriffen; siehe: Reichsgesetze Nr. **42.**

Nr. **10. Einkommensteuergesetz.** Von Wirkl. Geh. Ob.Finanzrat **A. Fernow. 8. Aufl. — 1913.** Vergriffen! — Neue Auflage nach Verabschiedung des angekündigten Abänderungsgesetzes.

in den angeführten Preisen enthalten.

Guttentagsche Sammlung Preußischer Gesetze.

Nr. 11. **Gewerbesteuergesetz.** Von Wirkl. Geh. Ob. Fin. Rat **A. Fernow. 6., vermehrte Aufl. — 1915.** 6,25 *M*

Nr. 12. **Allgemeines Berggesetz.** Mit seinen Novellen und Nebengesetzen. **3. Aufl.**, bearbeitet von den Oberbergräten **Schlüter** und **Hense. — 1913.** 10,40 *M*

Nr. 13. **Ergänzungssteuergesetz** (Vermögenssteuergesetz). Von Wirkl. Geh. Ob. Fin. Rat **A. Fernow. 5. Aufl.** Mit Nachtrag, enth. Ges. betr. Erhöhung der Zuschläge vom 8. Juli 1916. — **1914.** 5,85 *M*

Nr. 14. **Kommunalabgabengesetz.** Vom 14. Juli 1893 und Ges. wegen Aufhebung direkter Staatssteuern. Von Oberbürgermeister Dr **F. Adickes. 5. Aufl.** bearbeitet von Stadtrat Dr **Woell. — 1911.**
Vergriffen, neue Auflage in Vorbereitung.

Nr. 15. Die **Kreisordnungen** für den Preußischen Staat. Von Land-G. Rat **O. Kolisch. — 1894.** 5,50 *M*

Nr. 16. **Konzessionierung gewerblicher Anlagen.** Von Geh. Reg. Rat Dr **W. v. Rüdiger. 2. Aufl. — 1901.** 2,60 *M*

Nr. 17. Preußisches **Gerichtskostengesetz.** Vom 25. Juli 1910. Mit Kostentabellen. Von Kammer-G. Rat Dr **P. Siméon. 7. Aufl. — 1913.** Mit Nachtrag: Abänderungen vom 17. Febr. 1917. 5,85 *M*

Nr. 18. Preußisches **Stempelsteuergesetz** vom 30. Juni 1909. Mit sämtlichen Ausf.-Bestimmungen. Von **P. Loeck. 8. Aufl.** von Reg. Rat **W. Seyffarth. — 1914.** 11,70 *M*

Nr. 19. **Das Jagdscheingesetz.** Von Wirkl. Geh. Ob. Reg. Rat **F. Kunze. 2. Aufl. — 1899.** 2,90 *M*

Nr. 20. **Die preußischen Erbschaftssteuergesetze.** Von Rechn. Rat **U. Hoffmann. — 1905.** 5,20 *M*
(**Reichs**-Erbschaftssteuergesetz siehe **Reichsgesetze** Nr. **77** und Seite 21.)

Nr. 21. Gesetz über die **Handelskammern.** Von Min.-Dir. **F. Lusensky. 2. Aufl. — 1909.** 4,40 *M*

Guttentagsche Sammlung Preußischer Gesetze.

Nr. **22.** Gesetz, betr. **Anstellung und Versorgung der Kommunalbeamten.** Von Dr **W. Ledermann. 2. Aufl.,** bearbeitet von Dr **L. Brühl. — 1914.** 3,10 ℳ

Nr. **23. Ausführungsgesetz zum Bürgerlichen Gesetzbuche.** Von Kammer-G.Rat Dr **P. Siméon. 3. Aufl. — 1914.** 3,10 ℳ

Nr. **24.** Die **Hinterlegungsordnung. (1879)** Von Reg.Rat Dr **G. Bartels. 2. Aufl. — 1908.** 2,60 ℳ

— —, Abänderungsgesetz vom 21. April 1913 siehe Nr. **53.**

Nr. **25. Preußische Kommunalbeamtengesetzgebung.** Von Mag.Assessor Dr **F. Kremski,** Berlin. — **1901.** 4,40 ℳ

Nr. **26.** Gesetze über das **Diensteinkommen der Lehrer und Lehrerinnen, Ruhegehalt und Hinterbliebenenfürsorge.** Tabelle zur Berechnung der Ruhegehalts-, Witwen- und Waisenbezüge. Von Bürgermeister Dr **E. Cremer. — 1900.** 3,40 ℳ

Nr. **27.** Gesetz, betr. die **Warenhaussteuer.** Von Geh. Ob.Fin.Rat Dr **G. Strutz. — 1900.** 1,95 ℳ

Nr. **28.** Die **Fürsorgeerziehung Minderjähriger.** Von Geh. Justizrat Dr **P. F. Aschrott.** Mit Ausführungsbestimmungen und allen wichtigeren Ministerialerlassen. **3. Aufl. — 1917.** 5,— ℳ

Nr. **29.** Gesetz, betr. **die ärztlichen Ehrengerichte, das Umlagerecht und die Kassen der Aerztekammern.** Von Amts-G.Rat Dr **F. Fidler. — 1901.** 2,35 ℳ

Nr. **30.** Das **Preußische Staatsschuldbuch** und **Reichsschuldbuch.** Von Wirkl. Geh. Ob.F.Rat **J. Mücke. — 1902.** 2,60 ℳ

Nr. **31. Die geltenden Preußischen Gesindeordnungen. Zwei Bände.** Von Rechtsanwalt **St. Gerhard.**

31 a. Gesindeordnung für die altpreußischen Provinzen vom 8. Nov. 1810, unter Berücksichtigung der Ergänzungsgesetze, der Rechtsverhältnisse der Stellenvermittler und

in den angeführten Preisen enthalten.

Guttentagsche Sammlung Preußischer Gesetze.

Reichsversicherungsordnung, sowie die Gesindeordnungen für Neuvorpommern und Rügen und für die Rheinprovinz. 2. Aufl. — 1914. 4,40 M

31 b. Gesindeordnungen für Hannover, Schleswig-Holstein, Hessen-Nassau und den Regierungsbezirk Hohenzollern. — 1902. 3,65 M

Nr. 32. **Die Städteordnung für die sechs östlichen Provinzen Preußens.** Von Dr **W. Ledermann** u. Dr **L. Brühl. 2. Aufl. — 1913.** 9,75 M

Nr. 33. **Rentenguts- und Anerbenrechts-Gesetzgebung in Preußen.** Von Land-G.Rat **M. Peltasohn** und Rechtsanwalt **B. Peltasohn. — 1908.** 4,40 M

Nr. 34. Sammlung der wichtigsten **preußischen Strafgesetze** nebst Ges., betr. polizeil. trafverfügungen vom 23. April 1883. Von Geh. Ob.J.Rat. **Lindemann. 2. Aufl. — 1912.** 4,70 M

Nr. 35. **Geschäftsordnung für Gerichtsvollzieher.** Von **E. Exner. — 1904.** 4,55 M

Nr. 36. **Polizeiverordnungen in Preußen.** Von Geh. Ob.J.Rat **O. Lindemann. — 2. Aufl. 1912.** 3,40 M

Nr. 37. Gesetz, betr. **Enteignung von Grundeigentum** vom 11. Juni 1874. Von Ob.L.G.Rat **O. Meyer. 2. Aufl. — 1911.** 3,25 M

Nr. 38. **Kreis- und Provinzial-Abgabengesetz** vom 23. April 1906. Von Gemeindevorsteher **F. Schmidt. — 1906.** 1,95 M

Nr. 39. Gesetz, betr. die **Unterhaltung der öffentlichen Volksschulen.** Von Reg.Rat Dr **A. Marcks. — 1906.** 2,90 M

Nr. 40. **Verwaltungsstrafverfahren** bei Zuwiderhandlungen gegen die Zollgesetze und **indirekte Reichs- und Landesabgaben.** Von Dr **R. Katzenstein. — 1907.** 5,20 M

Guttentagsche Sammlung Preußischer Gesetze.

Nr. **41.** **Die preußischen Jagdpolizeigesetze.** Von Wirkl. Geh. Ob.Reg.Rat **F. Kunze** und Rechtsanwalt **R. Kühnemann. 2. Aufl. — 1907.** 5,20 *M*

Nr. **42.** Die Gesetzgebung über die **Allgemeine Landesverwaltung** und **Zuständigkeit der Verwaltungs- und Verwaltungsgerichtsbehörden.** Von Dr **K. Friedrichs. — 1908.** 4,40 *M*

Nr. **43.** Gesetz, betr. die **Zulassung einer Verschuldungsgrenze** für land- und forstwirtschaftlich benutzte Grundstücke. Von Syndikus Dr **R. Leweck. — 1908.** 3,40 *M*

Nr. **44.** **Quellenschutzgesetz** nebst den Ausführungsbestimmungen. Von Geh. Bergrat **E. Voelkel. — 1909.** 1,60 *M*

Nr. **45.** **Rechtsverhältnisse der Juden in Preußen.** Von Rechtsanwalt Dr **M. Kollenscher. — 1910.** 3,40 *M*

Nr. **46.** Gesetz betr. **Austritt aus der Landeskirche** vom 14. Mai 1873. Von Ger.Assessor **H. Caro. — 1911.** 3,40 *M*

Nr. **47.** Gesetz, betr. die **Feuerbestattung.** Von Amts-G.Rat Dr **W. Lohmann. — 1912.** 2,10 *M*

Nr. **48.** **Zweckverbandsgesetz für Groß-Berlin** vom 19. Juli 1911 nebst Abdruck des allgemeinen Zweckverbandsgesetzes. Von den Magistratsräten Dr **L. Brühl,** Dr **K. Gordan** und Stadtrat Dr **W. Ledermann. — 1912.** 5,85 *M*

Nr. **49.** **Gesetze gegen die Verunstaltung landschaftlich hervorragender Gegenden** mit Ausf.-Anweisungen. Von Reg.Rat **O. Goldschmidt. — 1912.** 3,40 *M*

Nr. **50.** **Gesetz, betr. die Anlegung und Veränderung von Straßen und Plätzen in Städten und ländlichen Ortschaften.** Von Oberlandgerichtsrat **O. Meyer. — 1913.** 4,40 *M*

Nr. **51.** **Das preußische Disziplinargesetz für die nichtrichterlichen Beamten** und die Privatdozenten. Von Reg.Rat Dr **E. v. Dultzig. — 1914.** 6,25 *M*

Guttentagsche Sammlung
von
Textausgaben ohne Anmerkungen mit Sachregister.

Bürgerliches Gesetzbuch nebst **Einführungsgesetz. 12. Aufl. — 1919.** 8,— ℳ

Erbschaftssteuergesetz vom 10. 9. 1919. 1,60 ℳ

Handelsgesetzbuch nebst **Einführungsgesetz** und **Seerecht. 9. Aufl. — 1919.** 5,— ℳ

Konkursordnung mit **Einführ.ges. 2. Aufl. — 1915.** 1,30 ℳ

Kriegsgewinnsteuer. — 1916. 0,80 ℳ

Die Kriegssteuergesetze. 2. Aufl. — 1917. 2,00 ℳ

Militärstrafgerichtsordnung m. **Einführ.ges. — 1901.** 1,95 ℳ

Militär-Strafgesetzbuch. 2. Aufl. — 1916. 1,55 ℳ

Reichsfinanzgesetze von 1909. **— 1909.** 2,60 ℳ

Reichsversicherungsordnung (Kranken-, Unfall-, Invaliden- u. Hinterbliebenenvers.). **20.—30. Tausend. — 1914.** 2,60 ℳ

Strafgesetzbuch. — 1912. 1,55 ℳ

Strafprozeßordnung. 2. Aufl. — 1915. 1,95 ℳ

Verkehrs- u. Kohlensteuer u. Kriegssteuerzuschlag. — 1917. 2,— ℳ

Verfassung des Deutschen Reiches vom 11. 8. 1919. 2,— ℳ

Versicherungsgesetz für Angestellte. — 1911. 1,60 ℳ

Wechselordnung mit Anhang: **Wechselprozeß und Ausführungsanweisung. — 1908.** 1,30 ℳ

Wehrbeitrag und **Besitzsteuer. — 1913.** 1,30 ℳ

Zivilprozeßordnung mit **Gerichtsverfassungsgesetz** und **Einführungsgesetzen.** Neueste Fassung. **— 1914.** 2,60 ℳ

Zuwachssteuergesetz. — 1911. 1,05 ℳ

— — **Ausführungsbestimmungen. — 1911.** 0,80 ℳ

Preuß. Ausführungsanweis. zur **Gewerbeordnung. — 1904.** 2,90 ℳ

in den angeführten Preisen enthalten.

Kommentare — Nachschlagebücher.

Die Gerichtspraxis.

In Verbindung mit
Amtsrichter **E. Armstroff**, Berlin-Lichterfelde, Staatsanwalt **Dr E. Falck**, Berlin, Kammergerichtsrat **M. Gfrörer**, Berlin, Amtsrichter **W. Häuseler**, Berlin-Weißensee, Amtsgerichtsrat **G. Krause**, Berlin-Tempelhof, Amtsgerichtsrat **L. Levy**, Charlottenburg, Landrichter **Dr M. Nadler**, Berlin, Amtsgerichtsrat **H. Riesenstahl**, Berlin
herausgegeben von
Kammergerichtsrat **Dr. Ernst Pape.**

1914. Gr.-8°. 1326 Seiten. Geb. in Leinen. Preis 25,90 *M*.

Inhaltsverzeichnis:

Zivilprozeß — Die Zwangsvollstreckung — Konkursrecht — Strafprozeß — Gefängniswesen — Freiwillige Gerichtsbarkeit — Vormundschaftswesen — Nachlaßwesen — Grundbuch- und Katasterwesen — Registerwesen — Justizverwaltung — Sachregister.

Besprechungen aus der Presse:

Der schlichte Titel läßt den reichen Inhalt des umfangreichen Bandes nicht erkennen, der eine zusammenfassende Darstellung des gesamten Gerichtsverfahrens bietet . . .

„Literarisches Zentralblatt für Deutschland."

Schon jetzt wird man sagen dürfen, daß das Werk vor allen anderen bestimmt ist, dem jungen Praktiker ein treuer Berater und Führer zu sein. Die leichtverständliche Schilderung und die übersichtliche Anordnung werden auch die Gerichtsschreibereibeamten sowie strebsame Bürobeamte anziehen. . . .

„Zeitschrift für Rechtspflege in Bayern."

Die einzelnen Abschnitte sind von erfahrenen Fachmännern bearbeitet worden, die die ihnen gestellte Aufgabe in vortrefflicher Weise gelöst haben. . . . . . Auch der gereifte Praktiker wird Anregung und Belehrung aus dem Werke schöpfen.

„Leipziger Zeitschrift für Deutsches Recht"
(Staatsanwaltschaftsrat Kaempffer-Berlin).

Schlagwort-Register

R. = Nummer der Sammlung Deutscher **Reichs**gesetze.
P. = Nummer der Sammlung **Preußischer** Gesetze.
S. = Seite.

— 31 — 8. XI. 1919. 10 000.

Kolibri 360 GmbH
Ferdinand-Jühlke-Straße 7
99095 Erfurt, Deutschland
produktsicherheit@kolibri360.de